COLLECTION
FOLIO/ESSAIS

Antoni Tàpies

La pratique de l'art

Traduit du catalan
par Edmond Raillard
Préface
de Georges Raillard

Gallimard

Titre original :

LA PRÁCTICA DE L'ART

Antoni Tàpies est né à Barcelone en 1923 et commence à peindre dès 1946. Cofondateur du mouvement *Dau al set*, il fait la connaissance de Miró en 1948. Après une période surréalisante, Tàpies s'intéresse à la philosophie et à l'art oriental, en particulier à la calligraphie. Dès 1953, il se détache du surréalisme et travaille à partir d'un matériau brut, de taches et de signes. À partir de 1970, ses compositions lacérées et griffées expriment une attitude contestataire ; ses œuvres, « champs de bataille où les blessures se multiplient à l'infini », se veulent l'expression fidèle d'un monde déchiré et angoissant.

Après avoir exposé à Barcelone en 1950 et à New York en 1953, Antoni Tàpies ne cesse de participer aux grandes expositions internationales (biennale de Venise, 1958) ; dès 1962, les grands musées ont organisé des rétrospectives de ses œuvres (Hanovre, 1962 ; Vienne, 1968 ; Musée d'Art moderne de Paris, 1973).

PRÉFACE

EN MARGE DES ÉCRITS DE TÀPIES

Les écrits de peintres n'ont généralement pas bonne réputation.

Le peintre qui se mêle de parler de peinture brave deux tabous. Le premier, dont Valéry a dit le peu de cas qu'on en devait faire, est opposable à quiconque ne se contente pas devant l'œuvre d'art du pieux silence qu'elle requerrait : l'Absolu n'a que faire de nos minuscules questions. Injonction retorse qui constitue une mise à l'écart de l'œuvre d'art elle-même, qui l'enferme dans son mutisme.

Aussi le deuxième tabou vise-t-il le peintre. Messager de cet absolu, médiateur de l'ineffable, son devoir est de donner et de s'effacer. Vous opposerez à ce schéma simpliste des exemples fameux qui semblent superbement le contredire. Van Gogh ou Delacroix. Mais le succès de leurs écrits (intimes) ne tient-il pas au fait que le public pense y trouver cela même qu'on lui a enseigné à chercher dans toute œuvre d'art ? Non ses effets, mais sa genèse : comment la Valeur esthétique se fomente dans le sang, la passion, la misère ou la démence. L'écrit est document. Il se recommande comme journal d'une âme. Et se soutient par la valeur littéraire — même s'il n'était pas expressément fait pour être publié. Le « Maître » se reconnaît par son universel pouvoir de « style », le don.

En 1893, les éditeurs présentaient ainsi le Journal *de Delacroix : « Commencé en 1823 par un jeune homme de vingt-deux ans, dans la fièvre d'une vie ardente et tourmentée, ce journal a d'abord l'allure rapide et quelque peu décousue ; à mesure que les années s'avancent, le sang s'apaise, l'esprit se mûrit et s'élève, l'expérience naît, l'horizon s'élargit, le style se précise et les aperçus succincts du début font place peu à peu à de véritables morceaux littéraires. » Admirable portrait (non périmé) de l'artiste — peintre ou poète — tel que la société conservatrice le souhaite et l'école dresse à le voir : exceptionnel dans son indignité, exceptionnel par sa sublimation. Un manichéisme qui prend sens dans une métaphysique du Rachat individuel. En accentuant l'histoire d'un homme on ne tend à rien de moins qu'à préserver la société des troubles que l'œuvre neuve pourrait y produire. Détournement rusé, vieux d'un siècle et demi.*

On objectera ici que les plus fameux écrits de peintres ont eu pour fin une révision générale des données de base de notre société : savoir et représentation : Léonard, Klee ou Kandinsky. Exemples peut-être aussi souvent valorisés que pour décourager de les suivre. Écrits qui, à des périodes critiques de l'histoire occidentale, fondent la modernité, derrière eux il n'y a rien à redire...

« Sois peintre et tais-toi. »

Et Tàpies ne se tait pas.

Et ce qu'il a à dire, ce qu'il dit, n'entre pas dans l'espace étroit du reçu.

S'il parle de lui-même, sa silhouette ne se distingue pas de celle de ses contemporains catalans, jeunes bourgeois de bonne famille parvenus à l'âge d'homme au lendemain de la guerre civile. Aucune extravagance remarquable. Rien pour le pittoresque. Moins l'excès de l'individu que le désarroi de la communauté : l'asphyxie et les veilleurs.

S'il écrit, il n'est pas écrivain. Rien dans

ces textes qui procure d'une poignée de mots un ébranlement équivalent à celui des toiles.

S'il théorise, sa théorie, en son fond, n'est pas bien loin de celle du Spirituel dans l'art. *Tout comme Kandinsky, sa « nécessité intérieure » s'articule en trois principes : l'expression de ce qui est propre à la personne de l'artiste, de ce qui est propre à l'époque, de ce qui est propre à l'art.*

Oui. Mais il pourrait aussi contresigner cet aphorisme vincien : « le mensonge est le cinquième élément de l'esprit ».

Et c'est peut-être pour cela, et pour cela seulement, que Tàpies écrit. Pour répondre à une situation d'urgence et pour rappeler contre toutes les manœuvres réactionnaires qu'il n'y a pas de pratiques séparées : rien n'est pensable, rien n'est estimable, rien ne doit être jugé et fait que du point de vue de la totalité. Cette exigence morale, il en a recueilli la leçon de Sartre comme de Picasso. Et il rêve, contre le présent tissu de « songes et de mensonges », à cette Chine ancienne où le Grand artiste était le Grand homme d'État. Il ne rêve pas seulement.

Sa bête noire, l'homme d'État. Tel qu'il est aujourd'hui. Tel qu'il lève partout le masque :

bête et tyrannique. Mais aussi habile à parer des couleurs à la mode son universelle mainmise. Tyrannie plus insidieuse au service de laquelle s'engagent des fonctionnaires ambitieux qui y trouvent leur compte d'autorité, mais aussi, rameutés de divers horizons, des innocents embrumés — fussent-ils théoriciens — qui ont désappris ce qu'était l'œuvre d'art.

C'est à cette léthargie universelle, ce sommeil forcé de nos sociétés que Tàpies en a. Placé à un observatoire que l'on n'ose dire de choix, il a vu, il voit de quel écheveau enchevêtré de bonnes raisons et d'inattaquables faux prétextes on nous compose une politique culturelle. Je dis « nous », car à lire Tàpies on se persuade vite que si ses écrits partent *d'Espagne ils ne sont pas inadéquats à d'autres lieux. A ce titre ils constituent une mise en garde.*

Antoni Tàpies a publié ces textes dans des journaux et des revues de Barcelone : à leur origine, le plus souvent un petit fait qui concerne l'activité artistique. Il intervient par écrit pour deux raisons qui peuvent paraître contradictoires : parce qu'il est peintre — un spécialiste! — et parce qu'il est un homme comme tous les autres. Son argumentation est sous-

tendue par cette idée simple et nécéssaire que l'œuvre d'art nous concerne tous et que l'artiste est concerné par tout ce qui régit les jours et les pas de chacun. Sa « pratique de l'art », son seul titre pour s'adresser à ses compatriotes lui donne seulement autorité pour leur dire que la peinture n'est pas un luxe.

Il n'y a pas de politique culturelle autonome, mais la politique tout court. Les rapports de l'art à la politique... thème rebattu, dira-t-on, où il n'y a plus rien de substantiel à gagner. Tàpies entre dans les polémiques, en suscite et à droite et à gauche, démasque ici ou là erreurs ou bévues, fautes d'analyse et transpositions hâtives, conclusions pharisiennes, raisonnements à califourchon, impostures et compagnie... Et là il peut être assuré qu'on ne manquera pas de lui renvoyer la balle.

Mais le lecteur attentif au son de sa voix percevra surtout une foi obstinée dans les moyens de l'art — foi démodée ? L'artiste est un homme comme les autres, son œuvre est partielle. Un homme comme les autres, sauf que grâce à la nature particulière de son travail, il est légèrement *en avance sur eux. Hors de nos rails en mou de veau, il peut faire, à son tour, dérailler. Conception roman-*

tique, ironisera-t-on, qui a fait son temps. Ce serait le cas si Tàpies érigeait l'œuvre en absolu. Quand il se borne à constater que l'œuvre vraiment neuve contient une quantité telle de germes de bouleversement qu'elle n'est jamais explicable par réduction à une somme d'éléments répertoriés. L'œuvre peut même disparaître matériellement, l'important est l'œuvre qu'elle aura faite : fissurations, nécessaires déclassements, « saut qualitatif » de notre espace. Premiers moments d'une éthique.

C'est le prendre de haut. Je ne gagerais pas qu'on ne le reproche à Tàpies ; mais je gagerai volontiers que Tàpies entend que le débat soit haussé à ce plan. Disons mieux, mis à sa place : au plus loin des querelles de boutique et des secrets d'atelier, au plus près de chacun d'entre nous.

Bellas artes

Une des ruses les plus captieuses des actuels manipulateurs de l'art — et de leurs alliés objectifs par inconscience — est sa féminisation. Sainte-Beuve, je crois, disait, en pleine révolution socio-économique que les romans de Balzac étaient destinés à la lecture des dames dans leurs boudoirs. L'art pour les femmes, objets exquis pour objets exquis. Ici et là, c'est affaire de délicatesse, d'égards, de jeu d'après cinq heures, de luxe.

Féminiser l'art, c'est le réduire au boudoir : lieu, sujet, esthétique. Une politique qui ne dit pas son nom. Qui apprivoise notre désir en plaisir. Qui trouve sa justification dans l'exaltation exclusive du « côté rétinien » de l'œuvre d'art, comme disait Duchamp, quand celle-ci s'est trouvée dépouillée de toute ambition philosophique, historique, religieuse, politique ou symbolique. On dirait volontiers l'Impressionnisme entre tous style valorisé par la bourgeoisie parce qu'elle y trouve apaisement et « idéal ». (On irait, ce disant, plus loin que Tàpies et contre ses intentions. Il note que l'Impressionnisme a fait violence à la vision, donc à la pensée de la bourgeoisie. A propos des Nymphéas *Butor écrit dans son étude au titre éclairant* Claude Monet ou le monde renversé : « *Dans l'étang réel de Giverny l'aspect du monde se serait réfléchi même s'il n'y avait pas eu les fleurs, mais dans l'œuvre la figuration n'apparaît que par leur présence. Ce sont les nymphes des fontaines qui viennent jusqu'au centre de la ville pour nous obliger à nous renverser. »*

Nymphes plus gracieuses que menaçantes — aujourd'hui Tàpies et Butor doivent enseigner à lire l'Impressionnisme qui n'a donc pas fini de porter coup, qui doit d'abord porter coup contre la lecture qui a prévalu et prévaut encore : celle des valeurs esthétiques. Le raffinement du plaisir. Non la négation-limite dont Breton parle à propos de Rimbaud, mais, bien au contraire, un refuge quiet dans le miroitement, somme toute éternel, des apparences.)

*Cette satisfaction prodiguée par l'œuvre d'art grâce au jeu de ses rapports internes — assouvissement d'un instant de regard — elle est aujourd'hui la loi qu'on veut donner à la peinture. Le temps n'est plus où les dictatures organisaient des expositions et publiaient des catalogues sous le titre d'*Art dégénéré*. Les autodafés sont l'exception*[1]*. La manœuvre du machisme politique est maintenant plus subtile : elle émascule l'œuvre. Objet d'art pour boudoir, ou objet à beauté « intégrée »*

1. Mais qu'est devenu *Le Musée de la Révolution* à Santiago, auquel, comme tant d'autres peintres, Tàpies avait contribué ?

pour salons d'art ménager, c'est tout un. (Le boudoir peut bien s'agrandir à la dimension d'une salle de Biennale, à celle d'un mur d'aéroport, le Salon des arts ménagers à celle d'une place, d'une ville.) Quel que soit l'objet soumis à ce traitement de Procuste, le résultat visé ne varie pas : la société a besoin d'un supplément — comptabilisé — de valeurs esthétiques. Le machisme politique sait, comme les grands-ducs de jadis, ce que se paient de tels services.

Tàpies, à qui les honneurs officiels n'ont pas été épargnés, rapporte son étonnement à lire l'inscription « matériel de propagande » sur une caisse de ses toiles en partance pour une Biennale internationale. Face naïve d'un problème connu : la compétition où chaque pays expose ses plus fins produits d'exportation, où la confrontation, par une tacite complicité internationale, impose, en définitive, l'idée d'une unité de style, d'une expression universelle de l'homme, d'une procédure de jouissance.

Se prêter à ce jeu constitue-t-il une activité coupable ? On connaît les avatars de la contestation depuis cinq ans. Question irritante donc, et aux mauvaises solutions. La réponse de Tàpies — utopique — est pédagogique.

Enseignons à voir, ce qui s'appelle voir, disons qu'il y a des œillères et qu'il faut les lever et l'on sera prêt à débusquer les montreurs de leurs impostures. Les bella artes *ne sont pas entreprise d'exhibition de* bella donna. *Ou bien, plutôt, que l'on sache que la beauté est vénéneuse.*

Une fois encore la leçon est dans Rimbaud (belle pièce, note Tàpies, des alibis culturels des pouvoirs : son nom a sa place dans les jeux télévisés, mais l'œuvre a été désamorcée) :

> *Sous les pieds ardents des Madones*
> *Ont-elles fané des fleurs d'or ?*
> *C'est le sang noir des belladones*
> *Qui dans leur paume éclate et dort.*

Les Mains de Jeanne-Marie, *écrites en 1871, à la Commune, retrouvées en 1919, et aujourd'hui encore vénéneuses et incongrues, parce qu'elles protestent contre la féminisation et des femmes et de la poésie.*

De cette féminisation deux aspects doivent être joints pour mieux s'éclairer l'un l'autre.

Tàpies raconte la visite que lui fit une jeune fille : désireuse de se donner aux arts, elle s'est inscrite dans une école spécialisée, là on lui dit que les arts aujourd'hui c'est ce qui favorise notre cadre de vie — les objets que nous manipulons, les sièges où nous nous asseyons, bref, le design. Du bouquet-chromo à la rénovation « moderne » des salons des palais nationaux le chemin est net. Sauf que la radicalisation du processus, son extension totalitaire fait que tout se prépare pour que nous devenions nous-mêmes la nature morte de ce cadre nickelé, nous chloroformés, blottis au creux accueillant d'une société faite pour nous. On sait de reste que cette localisation de l'artiste dans le décor fait coup double : contre l'artiste et contre nous. De façon plus tortueuse — certains s'y perdent — tel privilège reconnu à l'artiste d'étendre son rêve sur la toile, de la tendre vers nous, n'est plus qu'un droit nominal : toute accentuation des valeurs esthétiques faite aux dépens des forces de violence participe de la même entreprise d'exaltation-étouffement de l'œuvre. C'est le regardeur qui fait le tableau, disait Duchamp. Il peut paraître pécher alors par idéalisme. Il n'envisageait pas un temps où les regardeurs seraient devenus légions, mais mis hors d'état de regarder. Aussi quand on invoque Duchamp aujourd'hui cite-t-on moins le moins utilisable : « Faire un tableau malade. »

Autre lieu trouble de l'art où, si l'on suit Tàpies, il faut aussi tenter de voir clair tant la bonne foi, l'esprit de révolte peuvent s'y trouver circonvenus, pris au piège. Il s'agit du marché de l'art. Sujet réputé délicat. Quand il s'agit de peintres « arrivés », dans une société qui affiche que rien ne peut valoir plus cher (dans l'ordre des productions réelles) qu'un trait barrant une feuille de papier. Il vaut mieux encore, à notoriété égale, inciser une toile qu'un abdomen. Juge et partie, Tàpies ? On lira l'argumentation contre l'ensemble du système économico-social : sa voix ici s'enfle, comme d'une colère à peine retenue, animée de son refus de laisser l'artiste porter le chapeau dans une situation dont il est, en fin de compte, plus la victime que le bénéficiaire, pour peu qu'il croie à une activité à laquelle il donne chaque jour de sa vie. (Ne craignons pas ici de rafraîchir les images romantiques.)

La situation est celle qui résulte de la féminisation-fétichisation de l'art et de l'artiste. Si Raymonde Moulin (dont le livre sur Le Marché de la peinture *sert de point de départ — et d'irritation — à Tàpies) rappelle que ce marché ne suit pas les lois économiques ordinaires, c'est qu'il obéit à d'autres lois. Ces lois connues ou occultes ne se soutiennent en fait que sur un discours social qui répète, et prolonge aujourd'hui, le discours romanesque du* XIX*e siècle concernant les femmes (discours lui-même où se place — et se masque — une politique d'absolue mainmise) : une épopée triomphale, pour quelques élues, de la misère au carrosse, en passant par les cases « soupers fins » et « cabinets particuliers au Rocher de Cancale ». Ce que les journaux racontent à l'envi, ce qu'ils donnent à prendre pour la « vie artistique », n'est que la transcription de l'aventure de la prostituée balzacienne. L'artiste doit en tenir le rôle. Et l'art aussi : folie, luxe parcimonieux que peut se payer la société qui compte — dans les deux sens du terme.*

Ici encore Duchamp dit l'essentiel :

« *Arrhe est à art ce que merdre est à merde.*

$$\frac{\textit{arrhe}}{\textit{art}} = \frac{\textit{merdre}}{\textit{merde}}$$

grammaticalement :
l'arrhe de la peinture est du genre féminin. »

(Bien évidemment ne voir dans le procès de la féminisation de l'art aucune misogynie : c'est plutôt le contraire.)

Face au mur

Est-ce à dire que Tàpies prône un art engagé ? Tous ceux qu'a touchés son œuvre savent qu'il n'en est rien. Œuvre d'une terre, d'un moment dramatique qui semble éternellement se prolonger, sauf quelques pages de journaux rageusement, anxieusement barrées de giclée de vermillon, elle ne dit rien de l'événement quotidien, de la mise en scène de son détail, de son apparence accidentelle — si insupportable soit-elle. Pas de Guernica *chez lui. Non pas, sans doute, crainte d'être inférieur au « sujet ». Son engagement est ailleurs — comme l'engagement de Picasso n'est pas seulement dans les toiles à dessein politique évident.*

L'engagement de Tàpies est engagement dans la violence. Réponse de situation : à violence masquée, violence ouverte : et d'abord révéler le tu, le dissimulé, la honte de nos sociétés. La honte pour elles, pour nous peut-être notre premier lieu de ressourcement. Installer devant nos regards le « laid », le rebut, c'est interroger la dignité du déchet, ironiser la légitimité des classements utiles. Dissiper le trop qui est le manque de nos élémentaires besoins, telle est sa première tâche. Faire violence d'abord aux usages. Le précepte baudelairien n'a rien perdu de sa puissance d'éveil. Dans l'euphorie officielle Tàpies s'emploie à apporter le malaise. Il déclasse.

En échange, rien, presque rien de « positif ». (On connaît le mythe technocratique de la critique constructive.) Presque rien : une incitation à tenir compte d'une matière élémentaire, première ; à nous rendre attentifs à la formation et à l'insistance d'un pli. *(Chez lui à Barcelone, cette seule grande toile, militaire, appliquée sur un support où elle plisse.) Le pli, c'est ce qui ne « colle pas », ni sur le châssis ni ailleurs : première vague, syllabe balbutiée, encore dérisoire, fragile et premier bien, butin maigre offert aux autres, frémissement d'une insurrection, énigmatique. Au pli, crispation dans le tissu, embryon d'un mot vrai, comme à la balafre, incision dans la continuité lisse de la matière, commence la définition de notre pouvoir.*

On se plaindra du peu de cette incitation ; on s'étonnera du risque que prend cette œuvre à paraître s'enclore dans la seule histoire de sa naissance. Rien, en effet, de clair à son horizon. Broyée de nuit, elle fait feu de sa nuit.

Et de la nôtre. On chercherait en vain chez lui, comme chez Miró, pour Tàpies exemple de rigueur totale, une réécriture de notre monde, une histoire parallèle à la mesure de laquelle évaluer celle qui nous est faite. Attiré par le surréalisme, il a commencé par là, mais presque tout de suite le débris du monde, son déchet est venu sur sa toile. Il ne l'a pas amadoué, n'a pas voulu l'apprivoiser. Travaillant dans le revers, il l'a conservé comme une hantise. (S'il rêve d'unité, s'il a, jadis, médité le pinceau à la main, sur le « point central », il n'a pu faire site que sur le versant déchirant du surréalisme.)

On chercherait également en vain dans son travail une distorsion triomphante des données imposées, leur minage de l'intérieur : je veux dire ce que fit Gaudi qui, comme Balzac, s'est installé au cœur de la société capitaliste et non seulement lui a rappelé les exigences idéales dont elle se targue, mais lui a répondu par un torrent de violences, un flot de formes, de couleurs, et de fantasmes dont le moindre ridiculisait tous ses programmes, aplatissait toutes ses prétentions à satisfaire ses sujets.

Tàpies n'a donc rien à opposer à cette nuit dans laquelle il œuvre. Peut-être que Miró ou

Picasso, parce qu'ils avaient rencontré les drames de l'histoire quand leur œuvre était déjà assez avancée pouvaient dire dans leur langage à la fois et de façon intelligible et le drame et leur quête. Ils avaient connu un autre ciel, dont en dépit de tout leur œuvre reste marquée. Aucun clair lointain chez Tàpies. Il ne peut parler qu'un langage, celui de l'oppression. C'est là sa vérité. Un mutisme rendu évident. Trace rageuse. Mais offerte et en attente.

Jacques Dupin, son ami, dont l'œuvre poétique regarde du même côté que l'œuvre plastique de Tàpies, le dit au mieux :

« Portée à ses limites, à son point de renversement, la matière est préparée à recueillir et à garder vivante la trace lacérante ou insidieuse, érosive ou prégnante, d'un être humain tenu à l'écart et condamné au silence. Elle appelle pour se perpétuer l'inscription du signe humain qui l'obsède, un signe qui, de toile en toile, se découvre et se voile, provoque et déconcerte la lecture, diffère d'éclat en éclat, l'élucidation qu'il appelle, — et qui doit venir du dehors. »

Ou encore, ailleurs, comme contraint aux mêmes mots :

« *Graffiti, empreintes, traces, glyphes, Tàpies n'accueille le signe qu'insidieusement adultéré, et frappé de mutisme, devenu signe de non-sens, ou plutôt de l'attente de sens. Un tel signe est aussi un geste, semblable au geste emporté dont il balafre ses tableaux, le geste de désigner l'indéfini de toute attente, de barrer la déraison de tout espoir. Il inscrit l'inarticulé, et tout ce qui dans la mémoire commune, l'oubli commun, demeure flottant, suspendu, assoupi, les scories de la pensée et du sommeil, les bribes d'une langue éparpillée à portée de main.* »

Cette langue éparpillée, elle est là sur tous les murs bruts, elle est encore ici, en latence, par devers nous. Toute œuvre ne se fait que dans d'infinis va-et-vient, des déplacements de toute sorte. Son horizon se confond avec le nôtre, un mur commun où écrire, où faire œuvre commune.

Est-ce à dire que Tàpies accepte volontiers que l'œuvre soit cette lampe du sacrifice dont parle Ruskin, qui se consume pour les autres, dont il ne restera rien, éteinte, que l'effet ? Je ne le pense pas, en dépit des déclarations où Tàpies semble accepter cette immolation. Et voilà bien ce que d'un autre côté on lui repro-

chera : la sacralisation de l'œuvre d'art. Ou d'un autre encore, son ambiguïté, s'il est vrai que Tàpies se place, humblement, au plus bas, au plus ténu, au moins formé de ce qui serait à dire et que, en même temps, il pense que l'œuvre d'art ramasse en elle, parce qu'elle fait son sillon toujours au revers de la parole modelée, quelque chose comme un feu, une étincelle précieuse.

Mais ce qui dans l'écrit peut gêner, irriter, çà et là, comme un ton d'assurance, de vérité détenue, s'éclaire par l'œuvre. La nuit de Tàpies est gouvernée par une certaine élégance, souveraine, si l'on veut, sans laquelle l'œuvre serait tout bonnement impossible. On touche ici la question que nous pose, au-delà de ces écrits, l'œuvre de Tàpies, une œuvre moins créatrice de formes que désignatrice, une matière « plissée », comme il le dit, à qui il donne son pli. Mais l'artiste ne risque-t-il pas de se prendre à son propre pli, de répéter avec maestria son jeu ?

Tàpies est visiblement conscient du risque. S'il change — ce que certains lui reprochent — c'est moins par souci de « renouvellement », ce n'est pas non plus que le monde a changé, mais parce que toute son histoire est volontai-

rement bornée à ce travail sur la toile de matière et de signes. Tàpies, de tableau en tableau, se fouaille, fouille la terre catalane, ses souvenirs, son monde imaginaire de livres, de choses vues, regratte les épaisseurs accumulées, et ne s'en tient quitte que lorsqu'il les a ajustées au plus clair et au moins dicible de son désir. Alors il s'arrête.

La justesse de la touche — sa sûreté — vient du fait que tout cela qu'il traque dans le monde prendra sa juste place dans un univers mental et sensible. Univers d'idées, de flancs de collines, de ruelles, de rencontres et de murs qui ne prend corps qu'au creux d'une absence. A ce défaut répond le geste du peintre; de ce défaut il part. Geste pour lui nécessaire aussi parce qu'il doit l'être pour les autres. Dans son œuvre se rêve un lendemain qui fera basculer la suite de ses toiles dans les grandes rétrospectives des drames clos de l'histoire.

Auxiliaire, peut-être, de ce renversement du monde, il ne s'en veut que le témoin pour demain. C'est le sens de sa signature à la surface de ses murs : non point paraphe d'orgueilleuse appropriation, forme automorphe des œuvres qui affectent de parler d'elles-mêmes à la troisième personne, mais index de celui qui, avec les moyens dont il dispose, met son énergie à attirer l'attention, à attiser le désir de ceux qui sont victimes du roulis des mots et des usages.

Dès lors à peine besoin de poser la question que fait resurgir la publication de tous les écrits de peintre : y a-t-il dans les images quelque insuffisance qui rende nécessaire le commentaire ou, du moins, lui laisse encore une place ? Toute réponse générale manque son objet, ne vaut pour aucun peintre. On verra ce qu'a été le parti de Tàpies. Rien dans son texte des fulgurances, des déchirures, du va-tout de sa peinture. Ce qui ne signifie pas que ces textes ne soient pas violents. Ils sont d'une autre violence, comme préparatoire au choc de l'œuvre. De la sienne et aussi de celles des grands et nécessaires artistes de notre temps. Ceux-là mêmes dont le nom, les Rolls, les cotes sont lancés aux yeux du public pour le blouser.

A ces divertissements en tous genres où le badaud est toujours refait, pièges à glu et bon pour le service, foire sur la place, Tàpies oppose ce conseil primitif :

« Je vous invite à jouer, à regarder attentivement... je vous invite à penser. »

Georges Raillard.

A Teresa
ma compagne

« *Puis vinrent les grands Ambassadeurs du sentiment... Mais nous ne sommes pas de leur avis car l'art n'est pas sérieux je vous assure et si nous montrons le crime pour dire doctement ventilateur, c'est pour vous faire plaisir bons auditeurs...* »

Tristan Tzara

INTRODUCTION

On dit dans mon pays : « Je peins, et ça suffit. » Il n'y a donc pas de grande tradition d'écrits de peintres, et ils n'ont généralement pas très bonne presse. Si un artiste prend la plume, la première réaction des gens est de froncer les sourcils et de penser : « Il veut se défendre. Sans doute est-il en déclin. Son œuvre n'est plus capable de se soutenir toute seule, et il doit élaborer des théories sur lesquelles il s'appuiera, etc. »

L'œuvre seule est en état de dire si son auteur est ou non en déclin. Cela est indiscutable, et hors de là, il n'y a pas de place pour quelque attaque ou défense que ce soit. Mais en revanche, du moins pense-t-on ainsi dans le reste de l'Europe, il est normal et souvent intéressant que l'artiste produise des théories sur l'art. De grands artistes l'ont fait, de Léonard de Vinci à Paul Klee, et si on peut penser que c'était pour eux une activité accessoire, personne n'a songé à s'en plaindre ; nous devons plutôt leur être reconnaissants de leurs tentatives.

Au risque de décevoir le lecteur, je dois l'avertir que mon livre ne constitue pas, sinon dans une très faible mesure, une tentative de théorisation. Qu'on ne voie pas là un trait de modestie. Dans notre époque de crise générale, le meilleur des systèmes est à mon sens, de n'en adopter aucun. Aussi une théorie de l'art ferait entre mes mains rapidement long feu.

D'autre part, est-ce que l'on peut me suspecter de tenter de me défendre ? C'est un problème différent et je dois convenir que ce livre contient une part de défense, et qu'elle a sa justification. Mais sur ce point encore, le lecteur mal intentionné risque de se tromper, car cette défense n'est pas une autodéfense. Ce qui évidemmment ne veut pas dire que je n'en aie pas besoin.

La plupart des textes qui suivent ont donc comme dominante commune un ton de défense. Mais ce qu'il s'agit de défendre, c'est l'art « tout court » : à la fois la liberté de le pratiquer et la liberté, souvent oubliée, de le « lire ». Plutôt que de bâtir des théories, il nous faut aujourd'hui exercer notre sensibilité. Mais il ne faut pas oublier qu'à l'exercice de la sensibilité du créateur doit s'ajouter l'inaliénable liberté de *sentir* de celui qui contemple l'art, c'est-à-dire celle de la société tout entière. C'est donc toute la situation culturelle de mon pays qui sert de toile de fond à cet ouvrage.

Il est inutile dans cette introduction d'insister sur ce qui m'a poussé à écrire ; les textes eux-mêmes se chargeront de le dire. Mais je veux préciser que la plupart de ces textes ont été écrits au gré des circonstances : soit que j'aie estimé nécessaire de tenter tel éclaircissement, soit qu'on m'ait demandé d'écrire sur un sujet précis, ce qui me permettait de dire des choses qui à ce moment-là me semblaient devoir être dites.

La plupart des idées exprimées ici me paraissent toujours d'actualité. Certaines demanderaient à être nuancées, et les retouches que j'ai pu faire ont parfois été insuffisantes. Un des problèmes majeurs qui se posent à l'art nouveau, sa recherche d'un impact social — « frapper un coup », comme aime à dire Joan Miró — se trouve chaque jour davantage lié au problème de l'accès aux mass media. Il nous est impossible de l'oublier. Sans doute la forme donnée par l'artiste à son œuvre, l'à-propos avec lequel il la présente jouent pour beaucoup dans le fait que celle-ci arrive à « frapper un coup », ou, ce qui revient au même, à créer un scandale qui attire subitement l'attention sur une situation donnée. Mais on ne peut plus dire que tout dépend exclusivement du talent de l'artiste. Celui-ci pourra toujours provoquer des remous dans un secteur du public ; mais il ne peut pas toucher les foules, — et c'est là l'important —, sans la collaboration de ceux qui souhaitent aussi que l'art ait un impact : organisateurs d'expositions, critiques, journalistes, directeurs de journaux...

Voilà pourquoi il me semble capital de souligner que l'art a toujours été pour une part une œuvre collective et qu'il devient de plus en plus nécessaire de faire connaître cet aspect. Il faut donc, en même temps tenir compte et de l'œuvre de l'artiste, et de la tâche de ceux qui lui ont prêté attention, surtout à ses débuts, qui l'ont lancée, et qui lui ont donné son importance et son sens devant le public. Que l'on me comprenne : ce désir d'accéder aux mass media n'a rien à voir avec l'esprit des campagnes publicitaires ou de l' « inflation » de l'information qui nous assaille en surface. Il s'agit d'une conquête du sens social de l'œuvre d'art (que l'on a tendance aujourd'hui à oublier) et du balayage de toutes les stupidités semées sur nos chemins.

Pour cette même raison, il me semble injuste de dire, comme le font ceux qui prétendent être revenus de tout, que l'art nouveau — celui des plus jeunes — n'est plus capable de scandaliser personne. C'est un des nombreux pièges tendus pour réduire la violence des avant-gardes. A l'heure actuelle, les mass media sont de plus en plus contrôlés ; le scandale et l'anticonformisme sont des péchés si redoutés qu'on veille de près à les tenir sous le boisseau. Rien d'étonnant qu'il soit plus difficile de « frapper un grand coup ». L'art n'est pas toujours seul responsable.

Il est donc clair que le problème de l'expression artistique est étroitement lié à celui de la liberté de « lire » l'art. Accepte-t-on seulement de donner au public les moyens de lire? On retrouve un problème plus vaste, celui de l'alphabétisation du pays, et la nécessité de continuer à lutter, à un autre niveau, contre les causes de son retard. Le problème qui est posé, c'est celui de toute une politique culturelle, bref de la politique.

Voilà pourquoi me paraît si naïve la candeur de ceux qui s'imaginent que dans notre monde occidental, on ne trouve aucun exemple des coercitions qui dans beaucoup de pays socialistes sont exercées sur la liberté de création. En fait, tout se passe comme si elles existaient ici aussi, et on peut le constater en mainte occasion chaque fois que cette liberté de « lecture » est entravée ou anéantie.

Je précise que le chapitre intitulé « Déclarations », où l'on pourrait voir un chapelet de sentences, est composé de réponses, transcrites de façon synthétique, à des questions de journalistes ou de critiques d'art. Je le dis dès à présent, et j'insiste, car je ne voudrais pas que l'on croie qu'il s'agit de la quintessence d'une réflexion longuement approfondie, que je pourrais estimer éternellement valable. Ces « déclarations » appartiennent elles aussi, comme le reste de cet ouvrage, à un genre particulier, celui de la réponse de circonstance.

Je voudrais aussi avertir le lecteur profane qu'il trouvera dans ce livre de l'agressivité, elle est annoncée par la phrase de Tzara mise en épigraphe. Le lecteur au fait de ces questions connaît l'aversion des artistes pour l'esthétique et ne sera pas surpris.

Mais l'un et l'autre s'apercevront bien vite que je ne suis pas opposé à toute réflexion sur l'art. Du point de vue du créateur, les déclarations tranchantes sont toujours justifiées, mais je demeure convaincu que dans la constellation des esthétiques, il en est qui sont nocives, ou tout au moins gênantes, non seulement pour l'art, mais pour la société dans son ensemble.

Je précise que lorsque je parle d'idées esthétiques, je les considère non pas comme des entités isolées, mais — les grandes traditions nous l'enseignent — comme liées à des conceptions morales et politiques. Si j'affirme qu'il existe des idées esthétiques nocives, je veux dire par là qu'elles sont partie intégrante d'un schéma politique et moral qui constitue un mal pour la société.

Aux yeux de l'artiste, pour qui la création est chose vitale et pressante, certaines esthétiques actuelles, un formalisme, semblent nécessairement être au service des schémas commerciaux qui aujourd'hui dominent tout. Elles n'ont d'autre utilité que de permettre, à partir de certains « signes externes », de fixer la « cote » des œuvres. Qu'est-ce qui fait qu'une œuvre a de la valeur ? Les partisans de la « cote » fournissent en réponse les vieilles listes des composantes ou des lois formelles indispensables selon eux à la « Beauté », mais ils se gardent généralement de parler de leur fonction. Ces listes de composantes et de lois, ce sont, présentées de façon systématique, les trouvailles des artistes du passé, révolutionnaires en leur temps, mais qui aujourd'hui ne présentent aucune garantie de qualité. Par leur faute, l'esthétique devient de l'esthétisme, et l'art vivant un académisme.

L'artiste ne se sent pas davantage attiré par les théories, déjà dénoncées par les

Dadaïstes, qui, dans un projet prétendument scientifique, se contentent de dresser un catalogue des propriétés rétiniennes de certaines couleurs, lignes, formes ou structures. Tout artiste sait que dans l'émotion artistique interviennent non seulement ces éléments, mais aussi et surtout des facteurs conceptuels ou psychologiques, surgis par un effet de contraste ou d'analogie des sphères de la mémoire ou de l'inconscient ; il s'agit de facteurs difficiles à codifier de façon stricte, car ils subissent une transformation perpétuelle, en fonction de la situation historique des auteurs et du public. L'artiste ne comprendra jamais que l'on édicte des formes déterminées « scientifiquement », comme s'il s'agissait du code de la route ou d'une méthode pour apprendre à danser par correspondance. C'est pour lui une façon déshumanisée, froide et défiante, de considérer l'art. Tout autre est la pratique de l'artiste et du contemplateur authentiques.

J'ai parlé de défiance, parce que, tout ce que certains prétendent fixer, ces lois, ces composantes, doit être tenu pour partie intégrante de la sensibilité de l'homme, et à un degré bien supérieur à ce que peuvent maîtriser les analyses des esthètes. Malheur à celui qui entreprend de travailler, ou de contempler une œuvre, en gardant simplement les yeux fixés sur un de ces manuels qui, à côté de la richesse débordante de notre activité mentale ouverte à la moindre sollicitation, sont d'une lamentable pauvreté. Qu'on ne se méprenne pas : je ne nie pas pour autant l'importance des formes. Bien au contraire.

Il y a aussi les « esthétiques prophétiques » : devançant le travail de l'artiste, elles énoncent ce que sera l'art dans l'avenir — ou plutôt dans les pluparts des cas, ce que leurs auteurs veulent qu'il devienne. Simple pédanterie, prétention invétérée des donneurs de conseils, manifestations secondaires de dirigismes ouvertement politiques... dans ce domaine, les motivations sont diverses. L'artiste créateur ne veut rien savoir non plus de ce genre de théories, car comme le dit fort justement Michel Tapié il est convaincu qu'une esthétique n'a de sens — si elle en a un — que si elle intervient après l'œuvre ; tout le reste n'est que billevesées.

Et ne parlons pas de toutes les esthétiques des mercenaires — anxieux aujourd'hui de

« devenir respectables et d'obtenir enfin un statut artistique » (comme le dit Christiane Duparc) — dont le but est d'accroître la consommation de tel ou tel produit ; de ceux qui placent sur le même plan une œuvre comme *Guernica* et une affiche vantant les mérites d'une marque de pantalons ou d'automobiles ; des esthètes qui ne jurent que par le « confort », matériel et mental, par la décoration, opium faussement moderne. Laissons de côté l'esthétique des rhétoriciens lénifiants et, surtout, « *non* engagés », qu'adorent par-dessus tout les gardiens officiels de la crétinisation systématique de la société. Malheureusement, tous ces vents ont soufflé très fort, ces derniers temps. Charriant souvent une masse d'érudition écrasante, ils ont donné l'impression d'être la seule contribution « sérieuse » à l'éducation de notre sensibilité, et d'éclipser l'art lui-même, ravalé au second rang.

Dans ces conditions, qui, me semble-t-il, ne sont pas propres au domaine de l'esthétique, il n'est pas étonnant qu'il soit encore utile et salutaire de crier de temps en temps : « Allez au diable, vous et votre sérieux, vos écoles, vos normes et vos dignes professeurs. »

Nous, nous préférons nous en tenir à la « folie », à la destruction-création des vieilles racines de la pensée, de l'art et de la poésie irréductibles de tous les temps. Celles qui de nos jours débouchèrent sur l'humour, la révolte, la philosophie, la politique, même, de Tzara et de ses compagnons, de Dada, de l'Expressionnisme, du Surréalisme et des pionniers de l'Art abstrait, sans oublier, naturellement, car ils participent à ce symbole de l'identification des avant-gardes artistiques au progrès révolutionnaire, Tatline, Rodchenko, Malevitch, Larionov, et leurs compatriotes victimes de la liquidation stalinienne. Et tous ceux qui ont hérité de cet esprit (ne parlons pas de formes), ceux qui ont compris dans leur profondeur les problèmes de notre profession : compréhension de l'essence même de l'art, mais aussi étude de sa fonction possible dans la société actuelle. Par bonheur, nous les avons pour modèle impérissable d'*indépendance intelligente* et de lutte contre tous les dogmatismes. Tant que ne se sera pas produit dans l'humanité un changement radical, ce serait faire preuve de stupidité ou de mauvaise foi que de ne plus vouloir reconnaître cet exemple.

Il ne me reste qu'à témoigner ma reconnaissance à ma femme, dont le sévère sens critique a eu une influence décisive sur l'élaboration de tous ces écrits ; à mes amis Carme Vilaginés et Francesc Vallverdu, qui m'ont apporté une aide précieuse pour la rédaction finale ; ainsi qu'à Xavier Folch, qui, outre ses suggestions inappréciables, m'a poussé et finalement décidé à rassembler ces textes en un livre.

A. T.

Mars 1970

I. ART-IDÉE

Cette note a pour origine un questionnaire établi par Sebastià Gasch en vue d'un article qui fut publié par l'hebdomadaire barcelonais *Destino* le 11 juin 1955. On retrouvera certaines des idées ici exprimées dans un autre chapitre (« La vocation et la forme »), écrit postérieurement. Que le lecteur veuille bien excuser ces répétitions. Je les ai conservées en guise d'hommage à Sebastià Gasch qui fut le premier écrivain en Espagne à publier (dès 1947, et déjà dans *Destino*) un article sur mes travaux.

A Sebastià Gasch

L'œuvre, outre la charge émotive que lui donne le peintre, doit être étroitement liée avec l'idéologie des forces de progrès qui lui sont contemporaines. Il n'est pas concevable que l'artiste, à moins de s'enfermer dans une tour d'ivoire, se considère comme coupé des autres disciplines intellectuelles (philosophie, sciences, politique...) et de leur progrès. Pour faire une œuvre positive, il est indispensable d'être en contact avec ces disciplines et d'établir un dialogue avec ceux qui y travaillent. Néanmoins, je ne crois pas que l'artiste puisse dans cette communauté intellectuelle, trouver toute la matière dont il a besoin pour donner forme aux énoncés idéologiques qui les unit. L'artiste est absolument seul devant sa toile blanche, et il affronte des problèmes propres à l'art, qui a ses lois spécifiques de même que les autres disciplines intellectuelles ont les leurs. Personne ne peut le conseiller ni l'aider. Il ne doit compter pour éclairer et guider ses expériences solitaires, que sur le corps à corps avec les matériaux qui sont les siens, sur leur manipulation quotidienne.

On s'accorde pour reconnaître à tout artiste authentique l'exercice d'une réflexion profonde. Mais si à cette réflexion ne s'ajoute pas la lutte avec la matière, on s'apercevra bien vite que le soi-disant artiste n'a pas avancé d'un pas, que son œuvre n'a été que divagation stérile, comme toute formule ou théorie.

En soi les matériaux sont inertes. La capacité d'émotion que possède une œuvre d'art ne dépend pas seulement d'eux et l'artiste ne peut pas oublier que le degré d'efficacité de sa création est fonction de l'état psychologique de la société dans laquelle elle s'inscrit.

La puissance émotive de l'œuvre (c'est ce qui fonde sa valeur d'actualité) variera avec l'habileté de l'artiste à traiter certaines idées au moment le plus propice. Il atteint ce but grâce à sa culture, et tout particulièrement par une connaissance profonde de sa propre situation. Et par son habileté — un de ses instruments parmi tant d'autres —, il peut faire la preuve de sa connaissance profonde de la réalité. L'artiste est réaliste au vrai sens du terme.

L'art est une source de connaissance, tout comme la science ou la philosophie. Et la grande lutte entreprise par l'homme pour sans cesse affiner sa perception de la réalité, cette lutte où il trouve grandeur et liberté, ne peut aboutir s'il manie des idées déjà formulées et déjà réalisées. Des formes caduques ne peuvent pas servir des idées nouvelles. Quand les formes ne sont pas capables d'agresser la société qui les reçoit, de la déranger, de l'inciter à la réflexion, de lui dévoiler son propre retard, quand elles ne sont pas en rupture, il n'y a pas d'art authentique. Devant une véritable œuvre d'art, le spectateur doit ressentir la nécessité d'un examen de conscience, d'une révision de son domaine conceptuel. L'artiste doit lui faire toucher du doigt les limites de son univers, et lui ouvrir des perspectives nouvelles. Il s'agit là d'une entreprise véritablement humaniste.

Lorsque le grand public se trouve en parfait accord avec certaines formes artistiques, c'est que ces formes, trop satisfaisantes, ont perdu toute virulence.

Sans choc, il ne peut y avoir d'art. Si une forme esthétique n'est pas capable de dérouter le spectateur, et ne bouleverse pas sa façon de penser, ce n'est pas une forme artistique pour aujourd'hui.

II. LA VOCATION ET LA FORME

Ce texte est l'essentiel d'une conférence prononcée au palais de la Madeleine de Santander, en août 1955, à l'occasion d'une rencontre de six peintres (Carlos Lara, Pancho Cossio, Benjamin Palencia, Eduardo Vicente, Antonio Carpe et moi-même), organisée par la « Section d'études d'humanités et de problèmes contemporains » de l'université internationale « Menendez Pelayo ». J'ai apporté quelques modifications à ma communication, qui, à l'origine, n'était qu'une réponse à un questionnaire. Quelques éclaircissements ont donc été ajoutés, et toutes les allusions à des circonstances locales supprimées.

Plus tard, ce texte a été publié dans *Cuadernos hispano-americanos*, n° 70 (Madrid, octobre 1955), sous le titre « l'Autre Peinture », titre choisi par la rédaction de la revue.

Puis dans *Blätter und Bilder*, n° 6 (Vienne, janvier-février 1960). Dans *Theorien der zeitgenössiger Malerei*, de J. Klaus (Ed. Rowohlt; Hambourg, 1963). (Il en existe une traduction italienne : *Il Saggiatore*, Milan, 1967.) Enfin, dans le numéro 47 d'*Opus international* (Paris, novembre-décembre 1973).

Je conçois difficilement l'acte de création si on ne le fait pas dépendre à la fois d'un mouvement profond de l'être et des réactions aux circonstances — temporelles, géographiques, culturelles.

Je n'ai jamais pu imaginer l'artiste travaillant *sub specie aeternitatis*, faisant des variations sur le thème du Beau, conçu comme une valeur immuable, et je ne peux non plus le voir soumis à un programme ou à une idéologie coupés des situations et des faits réels, quand lui-même, en tant que penseur indépendant, doit justement contribuer à les dévoiler.

L'artiste sera toujours vie et changement, tout comme la réalité dont on dit qu'il est l'interprète, et qui, loin d'être constante, est le concept variable que nous en construisons. La tâche de l'artiste ne se limite donc pas, à mon sens, à un acte réceptif. Son œuvre n'est pas, comme on le prétend, le simple reflet d'une époque. Je crois plutôt que l'artiste peut jouer dans son époque un rôle actif, et que, comme d'autres dans d'autres domaines, il a entre ses mains le pouvoir de modifier cette idée de la réalité.

J'ai toujours été impressionné par la parabole de l'arbre, présentée par Paul Klee lors de sa fameuse Conférence d'Iéna. Il disait que l'artiste, à l'image du tronc qui conduit la sève des racines aux branches, joue un rôle fort modeste. Ni serviteur soumis, ni seigneur absolu, il est seulement un intermédiaire, un « conducteur » de la nature. Mais il n'est pas étonnant qu'à une époque comme la nôtre et vivant dans un pays comme l'Espagne, où l'homme, pris dans un drame d'une rare violence, semblait parfois avoir définitivement perdu la mesure des choses, je me sois toujours plu à ajouter : « Conducteur, certes, mais conducteur du concept changeant que se forme l'homme de cette nature. » Manifestement, Klee le savait lorsqu'il affirmait que « cette forme reçue n'est pas le seul monde possible ». Et il le savait aussi lorsque, dans son journal de jeunesse, il expliquait que son goût pour la satire était une façon de respecter l'homme, de combattre ceux qui veulent lui ravir sa liberté, et de l'aider, lui, à construire un monde meilleur.

Je ne sais pas si cette conviction que la réalité est plutôt une « idée de réalité » relève de l'idéalisme, bête noire de nos positivistes contemporains. Quoi qu'il en soit, la perception de la réalité me semble devoir faire l'objet d'un enrichissement constant, et à chaque pas, d'un réajustement.

On trouve toujours à l'origine de la vocation artistique la souffrance vécue lors d'une expérience marquante, et qui tantôt se manifeste brutalement par accident, tantôt prend corps en un lent processus. Il n'en demeure pas moins que tout d'un coup, à cause de cette expérience, nous nous rendons compte que se forme devant nos yeux une nouvelle réalité ; nous découvrons que les choses ne sont pas exactement comme on voulait nous faire croire qu'elles étaient, et alors naît une contradiction insupportable entre le milieu dans lequel nous avons grandi et la nouvelle vision qui est le fruit de notre expérience. Un réajustement s'impose donc, et c'est là que commence notre travail de création. On ne peut pas expliquer autrement la naissance d'une vocation artistique.

Je m'empresse d'ajouter, afin de dissiper toute équivoque, que ce réajustement ne doit pas, dans mon esprit, être le produit d'une vision individualiste des choses. Je ne crois pas au culte du Moi, ni en aucune perception *naïve* (par excès d'individualisme) de la réalité. Je ne peux pas accepter non plus que l'on s'épanche et confonde, comme on a trop tendance à le faire, les problèmes personnels avec les véritables problèmes humains. L'action personnelle dont je parle ne vient qu'après, lorsque l'artiste entre véritablement en fonction, c'est-à-dire lorsqu'il a à faire face au problème formel de l'expression.

Si nous en arrivons à concevoir la réalité de façon nouvelle, ce n'est pas par caprice personnel ; cela est dû à certains faits concrets qui se produisent autour de nous. Il ne s'agit donc pas d'une vision particulière, isolée, mais bien d'une vision commune à tout un secteur d'une génération, réellement vivant et présent aux événements qui nous touchent ; un groupe composé de ceux que l'on pourrait appeler intellectuels progressistes, ou d'avant-garde, et qui contribue, par un échange mutuel, à la formation de cette nouvelle vision. Nous allons toujours de front, ou du moins il devrait en être ainsi, avec ceux qui, en philosophie, dans les sciences ou même en politique, adoptent les positions les plus progressistes. L'artiste participe en quelque sorte de chacun d'eux, car comme eux, il découvre, défend et propage une idée.

Ce sont là autant de facettes d'une même activité, celle de l'homme aux prises avec les mystères et avec les problèmes sans fin que lui posent ses relations avec la nature et avec ses semblables. Il convient à ce propos de rappeler que l'on trouve réunies ces différentes facettes dans les plus grandes figures de l'histoire de l'art, Léonard de Vinci par exemple.

Il y a, ou il devrait toujours y avoir, une progression parallèle du travail de l'artiste et de celui des autres intellectuels, une progression nourrie par un dialogue constant. Exposer les phases de la construction de notre nouvelle vision du monde reviendrait donc à inventorier l'ensemble de l'héritage culturel que nous recueillons aujourd'hui.

Il est évident qu'au xxe siècle, tout artiste voit, grâce à l'augmentation de cet héritage, une réalité différente de celle que voyait, par exemple, l'artiste de la fin du siècle dernier. Ce n'est pas en vain que notre siècle a été secoué par d'énormes crises, qu'il a été témoin de grandes découvertes et de grandes révolutions, qui ont bouleversé les structures de notre savoir et de nos relations. Cet héritage, tout en étant irréductible aux préoccupations propres de l'artiste, exerce nécessairement son influence sur elles. Je crois qu'une personnalité artistique profonde ne peut se former que sur les traces d'une sensibilité et d'une curiosité universelles.

Aussi, lorsqu'on se forme une nouvelle vision de la réalité — c'est précisément là que doit se centrer notre œuvre — apparaît immédiatement, je le répète, un conflit avec les concepts périmés. Tout naturellement, nous nous sentons poussés à la révolte et à l'action, et par conséquent nous nous efforçons, compte tenu de notre habileté, de canaliser notre énergie : de la simple lutte intérieure à la réalisation directe et efficace de nos espoirs et de nos découvertes successives.

Il ne fait aucun doute que les arts plastiques peuvent être au plus haut point subtils, tout en étant capables d'entrer franchement dans la lutte ; il peut devenir passionnant de s'y consacrer, mais ce n'est pas ici notre propos. Ils constituent le pont le plus direct et le plus universel entre l'idée et l'homme. Grâce aux arts, cela a déjà été dit, on montre sans avoir à démontrer, et quand le créateur se dépouille de tout préjugé esthétique, ils constituent un des derniers réduits où l'homme d'aujourd'hui peut trouver la liberté de s'interroger sur la société, et de l'ébranler.

C'est là que l'artiste entre véritablement en scène. Certes, il est par sa démarche spirituelle membre d'un groupe d'intellectuels : il est, consciemment ou non, en contact avec les disciplines dont nous avons parlé, et peut dialoguer avec ceux qui s'y consacrent ; mais ne croyons surtout pas que l'artiste puisse leur emprunter des formules susceptibles d'orienter sa propre création. L'artiste est absolument seul avec les problèmes de son métier, qui a ses traditions.

Voyons donc ce qui a trait à la formation de l'artiste, et s'il peut tirer quelque profit d'éventuelles études. En matière d'art, il m'a toujours été d'instinct impossible de croire à quelque dirigisme que ce soit. Et il n'entre pas la moindre rancœur dans mon aversion pour tout ce qui sent l'Académie, l'Esthétique, l'Humanisme (entre guillemets, bien entendu), et tous les faux problèmes que ces noms évoquent. Chaque fois que j'y pense, j'imagine, par exemple, Newton fréquentant une école qui affiche : « Ici, on apprend à découvrir la loi de la gravitation universelle. » Comment peut-on enseigner ce dont on ne soupçonne même pas l'existence ?

L'artiste est un homme de laboratoire, et n'a rien à voir avec un bureau de propagande, chargé de diffuser des jugements arbitraires. L'artiste pense et travaille pour son propre compte, et la seule intervention qui me paraisse justifiée est celle qui consiste à favoriser et à protéger cette liberté. Il n'obtient de résultats que par son travail solitaire de chercheur, parallèle, mais non semblable, à celui de l'homme de science. Seules l'expérimentation quotidienne et une constante vigilance permettront, parfois — au moment le plus inattendu — au miracle de se produire : des matériaux, inertes en soi, se mettent à parler, avec une force expressive dont on peut difficilement trouver d'équivalents. Si cela se produit, l'artiste a su apparier forme et contenu. Mais toute autre démarche me semble inauthentique : ce serait vivre d'emprunts. Puisqu'il s'agit de construire une nouvelle vision de la réalité et de gagner peu à peu du terrain sur l'obscurité qui nous entoure, nous ne pouvons pas nous satisfaire de la manipulation de formes usées, périmées : à un contenu nouveau doit nécessairement correspondre une forme nouvelle. L'artiste doit tout inventer ; il doit se lancer à corps perdu dans l'inconnu, rejetant tout préjugé, y compris, à mon sens, l'étude des techniques et l'emploi des matériaux considérés comme traditionnels. Tous les conseils prodigués par ceux qui font profession de penser sur les problèmes de l'art me semblent suspects, qu'ils soient partie intégrante d'un dirigisme étatique, qu'ils proviennent de quelque Académie, ou qu'ils soient tout simplement le fait des critiques. Je ne peux concevoir l'artiste qu'en pleine aventure, allant d'étape en étape sans craindre de sauter dans le vide. A une époque où fleurissent les interventionnismes de toutes sortes, il apparaît de plus en plus clairement que, pour l'art, il n'y a justement de vie qu'en dehors du monde des fonctionnaires.

Qu'on ne prenne pas mon propos pour une apologie de l'irresponsabilité. Je tiens à dire que je ne conçois en aucune façon l'acte de création comme un fait gratuit, sorte de dynamique sans cap. Je défends notre liberté, mais tout en sachant que nous sommes libres face aux autres, et qu'une œuvre n'a de valeur que si, d'une part elle rassemble tout ce qui représente une conquête de la réalité pour la société qui la reçoit, et que d'autre part cette conquête s'incarne dans une forme réunissant les conditions nécessaires pour être agissante au sein de cette société. Comprendre que, dans sa forme d'expression, il a aussi à tenir compte des autres, entraîne l'artiste à pénétrer dans une tradition artistique, et donc à reconnaître les lois de son évolution. Pour mieux saisir la nécessité de rénover le langage artistique, il me semble important d'insister sur cette question.

Revenant à l'image du « conducteur » de la nature, Paul Klee disait qu'il ne viendrait à l'idée de personne d'exiger d'un arbre qu'il forme ses branches sur le modèle de ses racines. Nous convenons tous que sa partie supérieure ne peut pas être le simple reflet de sa base. En revanche, on fait souvent reproche à l'artiste de ce que ses œuvres ne réfléchissent pas fidèlement la nature dont elles sont en fait la transcription. Klee disait que l'œuvre d'art, tout comme la cime de l'arbre, est différente parce qu'elle a des fonctions différentes, et donc des organes différents. Dans l'œuvre d'art, ces organes sont les composantes plastiques.

A l'époque de Klee et de ses compagnons, on a beaucoup analysé le rôle et la force d'expression de chacune de ces composantes : la ligne et le plan, actifs, passifs, intermédiaires, les structures et les rythmes correspondants, les mouvements organiques, les dimensions, les mouvements de la nature, la terre, l'eau, l'air, les symboles du mouvement, le pendule, le cercle, la spirale, la flèche, etc. Et toute la gamme expressive des couleurs, de la composition et de la texture.

Ce furent les grands plasticiens de cette époque, de Picasso à Kandinsky, de Mondrian à Joan Miró qui fondèrent le vocabulaire de la couleur et de la forme, dans toute sa pureté. Depuis lors, on regarde dans un tableau les signes plastiques qu'il met en jeu, et non plus, comme auparavant, son seul sujet. Aujourd'hui, nous tenons tout cela pour su et compris. Mais ces signes étaient encore enfermés dans la structure interne du tableau. Plus tard, les choses se compliquèrent. Pouvons-nous, au moyen de ces lois de la couleur et de la forme, apprécier un objet de Duchamp, une provocation de Picabia, ou même la liberté sexuelle de Miró ? De toute évidence, non. Voilà que réapparaît le démon de l'idéalisme, du mystère et de la relativité. Et nous voyons se clarifier le processus de mutation des formes d'expression artistique : le changement est aussi bien fonction de l'évolution du contenu, dont nous avons parlé plus haut, que d'un état particulier — psychologique et artistique — de la société, champ d'action de l'art, mais qui aussi le conditionne. Il y a comme une armature secrète de lois autres que celles de la plastique pure, et qui expliquent ces mutations. A chaque étape se forme cet état psychologique — artistique ou culturel — particulier. En d'autres termes, le goût d'une époque, et la capacité émotionnelle des œuvres de la période suivante dépend de ce goût, est relative à ce goût, ce qui aboutit presque toujours à une lutte contre lui.

Une fois saturé le goût d'une époque pour un style déterminé, une fois usés, pour ainsi dire, les mécanismes capables d'émouvoir, une fois découvert le « truc » de l'artiste, celui-ci est obligé de trouver d'autres formules pour rendre son œuvre *efficace.* Là réside le véritable travail du créateur : *la création, c'est cela.* Les nouvelles œuvres, toutes élaborées en référence au même facteur (l'état psychologique artistique de la période précédente), porteront inéluctablement un sceau commun, et une nouvelle tendance verra le jour : ce sera le style d'une époque. La diversité des tendances peut donc s'expliquer entre deux périodes distantes, mais jamais à l'intérieur d'une même époque, où les seules différences réelles (sans parler des nuances personnelles ou géographiques) se trouvent entre œuvres avancées et œuvres arriérées, entre œuvres de créateurs et œuvres d'épigones.

Cela semble entrer en contradiction avec le fait que nous qualifions d'éternels certains monuments de l'art antique, que nous croyons impérissables certains courants artistiques. C'est que, là aussi, ces monuments et ces courants ont la valeur que nous leur donnons en fonction de nos *besoins actuels*, à moins que, par culture, nous considérions les besoins de l'époque où ils virent le jour. Quelle meilleure preuve que les variations, hausses et baisses, dans l'appréciation de certaines périodes de l'histoire de l'art, en fonction, précisément, de ces besoins ?

Les époques de profonde mutation des formes d'expression (notre siècle en est un bon exemple) suscitent aussi un faux débat : cette continuelle innovation permet-elle encore la communication ? Et on conclut bien souvent que la société n'est plus capable de lire les œuvres qu'on lui propose.

Il semble toutefois hors de doute que la communication reste possible entre tous ceux, créateurs et spectateurs, qui se trouvent dans la vie de l'art, c'est-à-dire dans la tradition artistique universelle. La preuve en est que le novateur n'est jamais le grand incompris solitaire que certains donnent à voir ; même si la majorité, dont nous savons qu'elle est toujours à la traîne, ne voit pas le sens du travail de l'artiste, il y a toujours des gens qui le comprennent et qui, peu à peu, font connaître son œuvre et s'étendre sa compréhension.

Si l'on se trouve dans la tradition universelle, la nouveauté est non seulement possible, mais encore indispensable pour sensibiliser le spectateur aux nouvelles voies sur lesquelles on s'engage. Je serai donc toujours opposé à tout avis nous enjoignant, de quelque façon que ce soit, de « mettre notre langage à la portée du peuple ». C'est le peuple qui doit se hausser à notre niveau. Et c'est l'affaire de tous de lutter pour lui donner les moyens de cette ascension.

Alors, ce qui a été à l'origine de problèmes si souvent débattus — l'originalité, le style personnel, qui, à certains moments, semblaient être des caprices individualistes... — revient au premier plan mais ramené au rang de modestes composantes. Combinées à d'autres, elles contribueront à donner une forme sensible à notre création.

III. DÉCLARATIONS

Ce chapitre est composé d'extraits de déclarations publiées entre 1955 et 1969 dans divers journaux, revues, livres, catalogues, ou études. Leur ordre est chronologique. J'adresse des remerciements à Manuel del Arco, Rafael Santos Torroella, Martha Jackson, la Galerie Im Erker, Pierre Restany, José Corredor Matheos, Lorenzo López Sancho, Yvon Taillandier, Jordi Garcia-Soler, Salvador Pániker, Raoul-Jean Moulin, Baltasar Porcel, Isabel Garrabou, Jacques Michel, Daniel Abadie, Catherine Millet et Lolita Sánchez. Grâce à l'intérêt qu'ils m'ont manifesté et aux questions qu'ils m'ont posées, j'ai pu dresser ce petit inventaire.

Des grottes d'Altamira à Picasso, en passant par Vélasquez, la peinture a toujours été abstraction. Face aux tenants inconditionnés du « réalisme », j'ai dit bien des fois que la « réalité » n'est jamais dans la peinture, qu'elle ne peut se trouver que dans la tête du spectateur. L'art est un signe, un objet, une suggestion de la réalité à notre esprit.

Je ne vois donc aucun antagonisme entre abstraction et figuration du moment que l'une et l'autre nous suggèrent cette idée de réalité. La réalité que rencontrent les yeux est une ombre bien pauvre de réalité.

(*1955*)

L'œuvre est le fruit d'une lente gestation de l'artiste. Il prend pour ainsi dire l'habitude de penser et de réagir au moyen d'images qui ensuite de façon quasi inconsciente, se décantent, s'impriment ou s'effacent. Mais lorsque nous croyons pouvoir, de but en blanc, travailler sur une idée déterminée, nous nous apercevons que l'œuvre commande, elle aussi, car elle a ses propres lois — internes et externes — de développement. Elle se rebelle et nous impose ses conditions à la manière des personnages de Pirandello. Comme partout où il y a vie, un dialogue a lieu entre l'auteur et la matière de son œuvre. Au départ le but n'est pas toujours clair : « C'est sous les pas que se forme le chemin. »

(*1958*)

Il n'est pas indispensable, lorsqu'on contemple un tableau, qu'on écoute de la musique ou qu'on lit un poème, de faire une analyse de ces œuvres. C'est déjà beaucoup que le spectateur accepte le choc de l'œuvre et les résonances, même confuses qu'elle éveille dans son esprit. L'art agit sur toute l'étendue de notre sensibilité, et non sur notre seul intellect.

L'œuvre n'a de sens que si elle peut compter sur la collaboration du spectateur ; elle s'appuie toujours sur l'esprit de celui qui la contemple, si fruste soit-il.

Un homme vide d'images, sans imagination et dépourvu de la sensibilité nécessaire à la suture des associations d'idées et de sentiments ne verra rien.

(*1960*)

L'artiste d'aujourd'hui n'a pas à viser un groupe d'hommes en particulier. Tous ses efforts doivent se concentrer sur l'œuvre elle-même : il doit réussir une œuvre totale, profonde et efficace.

La majorité des gens serait en état de comprendre, malheureusement, il n'en est presque jamais ainsi. Et cette proposition n'est ni la faute de la majorité, ni celle de l'artiste, qui ne travaillerait que pour une « élite ». Cette incompréhension n'est imputable qu'au fait que la majorité ne dispose pas des moyens de cultiver sa sensibilité : ce n'est pas seulement telle œuvre qui lui est fermée, mais, aussi bien, toute autre manifestation culturelle. La société ne cesse de comploter contre l'éveil du plus grand nombre. Et l'artiste, multipliant les escarmouches contre cette sujétion, doit sans cesse inventer pour la briser, de nouvelles formes d'attaque. Quand je vois l'effroi des gens qui se sentent chanceler devant les nouveautés radicales de notre époque parce qu'ils voient ruiner des pans entiers de leurs idées chères, celles à l'abri desquelles ils peuvent vivre paresseusement et surtout, comme le disait Nietzsche, dormir tranquillement, je me rends compte que les efforts accomplis pendant tant d'années n'ont pas été vains. Si la peinture d'aujourd'hui ne faisait pas trembler, ou, tout au moins, ne dérangeait pas beaucoup de gens, cela signifierait que nous avons échoué. Il doit en être ainsi. Mais par bonheur, si quelqu'un s'effraye de ce que nous faisons de nouveau, ce n'est justement pas l'homme qui, jeune d'esprit, est naturellement ouvert à la nouveauté : à la nouvelle physique, à la nouvelle logique, aux nouvelles théories des relations sociales, à la nouvelle morale et à la nouvelle psychologie. Avec lui l'artiste s'entendra toujours.

Chaque œuvre n'est qu'un maillon de la chaîne que constitue l'histoire de l'art. Rien ne vient de rien, et mon œuvre en appelle tout naturellement aux idées dominantes de l'art moderne européen. Cependant, dans mon cas particulier, je crois que je me suis efforcé de sentir dans ses profondeurs mon pays, la Catalogne, et de m'abreuver aussi aux sources de notre tradition. Je crois que notre art en a tiré profit. En effet, pris dans l'effervescence des styles abstraits internationaux déjà usés, bien peu de mes compatriotes se souvenaient que nous avions à donner à notre peinture un accent différent, accordé à notre situation. J'ai donc trouvé mon inspiration dans le fait de vivre intensément la Catalogne : je l'ai trouvée dans le Montseny, dans le gris vert de ses yeuses, dans le gris bleu de ses brumes, dans l'ocre de ses champs. Dans le quartier de Sant Gervasi, ses rues silencieuses le dimanche après-midi, où parfois passe une fille vêtue de mauve : parmi les murs gris derrière lesquels se cachent des jardins mélancoliques, sacrifiés chaque jour davantage à la croissance anarchique de la grande ville. Je l'ai trouvée dans le quartier gothique de Barcelone, abrégé de l'histoire d'un pays écrit en pierres grises et noirâtres toutes marquées de cicatrices. Dans les faubourgs, à Sants, à Hospitalet, à la sortie des ateliers et des usines. Au musée d'Art roman. Dans ce que notre race a d'irrationnel, de Ramon Llull à Joan Miró, en passant par Gaudí et toute l'exubérance moderniste de notre ville. Je l'ai trouvée dans nos contacts traditionnels avec l'Orient, dans notre culture ouverte à l'Europe, dans nos préoccupations sociales, industrielles et agraires, dans nos luttes, dans nos danses face à la mer, dans nos échecs, dans notre sang, dans nos espérances. Toute chose intimement ressentie peut se métamorphoser en symbole d'une situation universelle.

Il est dérisoire de prétendre qu'il y a encore des formes classiques promises à une éternelle actualité. L'art des défenseurs attardés du prétendu classicisme et les idées sur lesquelles ils s'appuient ne sont que du vide : elles ne répondent à aucune des questions actuelles, à aucun de nos besoins. Valets de l' « Esthétique », ils portent l'odeur de cadavre des musées. Pour moi, le moindre geste de vie, un simple graffiti sur un mur s'il est justifié par un fait humain, a infiniment plus de valeur, que toute la peinture des musées, dépourvue de tout lien avec notre existence.

(*1961*)

Dans un monde que la technique submerge, nous vivons asphyxiés par le souci égoïste de notre confort matériel. Nous vivons constamment « distraits », au point d'oublier nos racines les plus élémentaires, presque au point d'oublier nos instincts. Tout ce qui nous entoure est artificiel et faux. Nous traînons encore des superstitions ridicules, un héritage vain qui nous aliène et nous asservit.

Rappeler à l'homme ce qu'il est, lui fournir un thème de réflexion, produire un choc qui le fasse sortir de son monde en trompe-l'œil et le conduire à sa propre découverte et à la conscience de ses véritables possibilités, voilà à quoi tend mon œuvre. Il ne faut pas voir dans cette entreprise une tentative de « retour à la nature » ni un mépris pour les progrès réels dus à la technique ; je mène une lutte dont l'objectif est l'abolition de l'état spirituel et matériel auquel nous a réduits cette technique, entendons la technique au sens le plus large : celle qui fait tourner les machines comme celle qui mène l'action des gouvernements sur les peuples. Par mon travail j'essaie d'aider l'homme à surmonter son aliénation en introduisant dans sa vie quotidienne des objets capables de mettre son esprit en état de percevoir les problèmes fondamentaux de l'existence.

Je m'efforce que les moyens que j'emploie pour mener à bien cette pratique de la suggestion soient les plus directs et les plus efficaces. Au lieu d'un long sermon sur l'humilité, je préfère montrer simplement cette humilité. Au lieu de grands discours sur la solidarité humaine, peut-être vaut-il mieux montrer un énorme tas de grains de sable identiques les uns aux autres. Certains sujets demandent que l'on parle gravement, le regard bouleversé. D'autres, au contraire, appellent des mots calmes et sereins. Ici, une petite phrase qui donne à penser ; là, un bref poème sous un ciel de nuit ou un immense cri d'alarme en plein midi... ou simplement, je peux vous dédier un léger soupir.

Troubadour qui chante pour son peuple, celui du pays où je vis et celui de partout, quoi d'étonnant si je cherche l'amitié de tous, des hommes et des bêtes, des arbres et des pierres.

(*1963*)

Une tendance artistique, c'est le désir d'une autre forme d'être. Si ce désir est vital, tout en est pénétré. A travers tout il peut marquer idées et coutumes. Je ne crois pas que les changements de goût et de mode soient arbitraires, même, en leur origine, ceux de la mode vestimentaire ; ils répondent à ce nouveau désir d'être. Viennent ensuite les manifestations grégaires de frivolité qu'exploite le commerce.

Je me méfie en principe de tous les mouvements collectifs, et par conséquent des mouvements artistiques et des écoles. Nous savons qu'il est possible de créer et de maintenir artificiellement un « mouvement », sans que celui-ci représente rien, sans qu'il exerce la moindre influence sur la réalité, laquelle s'ouvre d'autres voies.

Dans le domaine artistique, il est évident qu'il y a très peu de personnalités qui comptent, dont les actes et les œuvres témoignent d'originalité ; car une œuvre efficace ne se fait pas avec les intentions, bonnes ou mauvaises, d'un « mouvement », mais avec celles de son auteur. En tout cas, on ne se rend compte qu'après coup qu'il y a eu mouvement : une fois que les personnalités artistiques ont créé par leur influence un courant d'opinion à l'orientation précise.

Après les difficiles années de notre après-guerre, et l'isolement, j'ai pu séjourner en France et vivre à Paris, dans ce monde fabuleux pour un artiste : je subis alors, sans aucun doute, une des transformations les plus complètes de mon existence. Malgré la guerre mondiale encore toute proche, tous les gens semblaient mieux nourris que nous, à peu près tous bénéficiaient d'un certain confort, allaient bien habillés. Et étaient libres. Quand j'entrais dans une librairie pour acheter un livre, je me disais : l'auteur a écrit exactement ce qu'il voulait ; il n'y a pas d'interdiction, pas de censure. Tout semblait abondant, facile, joyeux...

Lorsque au contraire, j'évoquais mon pays, je l'associais encore à nos moments d'angoisse, aux bombardements, aux destructions, aux frustrations, à l'oppression, à la misère. Et ma peinture ne pouvait pas se soustraire à ces obsessions : à la situation anormale de mon pays par rapport à celle de l'Europe ; à ses progrès si minuscules, même en ce qui concernait les nécessités premières ; et à tout notre drame, sensible dans chaque aspect de la vie.

Il me semblait qu'une énorme dalle nous écrasait.

Il fallait tout rebâtir sur nouveaux frais. Faire le vide. Tout reprendre à la base, en partant des choses les plus élémentaires. Quelques années plus tard, lors d'une conversation sur ce thème, l'écrivain Yvon Taillandier me rappela cette formule de Lao-tseu, que j'approuve sans réserves : « Les rayons de la roue sont nombreux, mais c'est le vide qu'il y a au milieu qui fait avancer la charrette. »

En tant qu'artiste, j'avais instinctivement pressenti cette vérité qui, au fil des années, avait grandi en moi, m'avait habité. Malgré le règne actuel du compliqué, on peut de rien ou de très peu faire beaucoup ; des œuvres apparemment modestes peuvent aussi aller au fond des choses.

Des souvenirs du Livre du thé... Sur l'émail de la tasse à thé, il y a des détails presque imperceptibles qu'il faut savoir découvrir et apprécier. Fragments infimes, épisodes anodins de la vie domestique, mais pleins d'une grande richesse. Et Tchekov. Parfois, il ne dit presque rien ; c'est à peine s'il se manifeste. Il nous livre des morceaux de réalité, à l'état brut. Pas de philosophie. Rien de solennel. Seulement des événements, ou des incidents de la vie quotidienne. Mais avec cela, tout un monde de sentiments.

Et la poésie de Joan Brossa. *Passe un homme. Un homme éternue. Le divan. La forêt. Le déjeuner. Une chaise. Des marmites. La lune. Un homme qui meurt. Nuit :*

Au-delà de l'espace visible brille une innombrable multitude
de mondes semblables au nôtre.
Tous se meuvent et tournent.
Trente-sept millions de terres. Neuf millions cinq cent mille lunes.
Je pense avec effroi à des distances incalculables
et à des millions de globes morts
autour de soleils déjà éteints.
Je médite sur l'orgueil.
Que se passe-t-il au-delà des astres ?
Le sol est arrosé.
Une dame embrasse une petite fille.
Aujourd'hui, le dîner était excellent.
Au mur, il y a un miroir pendu...

Le Nord m'attire. Le paysage nordique me séduit. La brume, les grandes forêts, les légendes populaires, leurs fées, leurs divinités. J'admire Andersen, Ibsen ; la fusion harmonieuse de l'homme et de la nature. Grieg, Peer Gynt, *Le Dernier Printemps.* Et par-dessus tout, Wagner, Brahms et Schumann.

Parfois je travaille comme un musicien. Je fais des variations, une série d'œuvres qui ne se distinguent que par le déplacement d'une forme. Il est surprenant de voir comment un changement presque imperceptible, une très légère différence de couleur, expriment des états émotifs totalement différents. Il y a une extrême richesse de variations possibles que nous faisons presque toujours sans nous en rendre compte, au fil de notre travail, formes qu'à un moment donné nous choisissons et fixons d'instinct. Cette richesse infinie prouve à quel point l'art est peu analytique et planifiable. L'artiste n'a nul besoin de règles ; il projette sur le matériau comme une substance psychique, et cette projection constitue l'essentiel. Ce qui compte, en effet, c'est cette sorte d'électricité, quelque chose de profond, une qualité humaine (je ne dis pas surhumaine), c'est cette chose importante qu'il faut dire en la projetant sur l'œuvre d'art. Nous devons être fidèles à nos impulsions profondes. Semble-t-il parfois que notre recherche n'est qu'extravagance et fantaisie ?

Quelle importance? Il faut faire confiance à l'instinct. Aujourd'hui les hommes se perdent dans une floraison d'artifices et de conventions. C'est grave. Nous devons lutter de toutes nos forces afin de retrouver l'homme dans toute sa pureté.

J'aime travailler « en amateur ». Dès qu'entrent en jeu corporations, académies, dogmes ou fonctionnaires, je cède la place. Jamais je n'ai pensé que l'œuvre d'art puisse un jour faire partie d'un quelconque « décor ». Pour moi, l'œuvre d'art — qu'elle soit tableau, sculpture, objet, idée — a une individualité propre, se suffit à elle-même. Qu'on la suspende à un mur est secondaire. Il y a des collectionneurs qui n'accrochent jamais leurs tableaux. Sur ce point les Orientaux en savent long. Le respect envers les œuvres, le recueillement et la concentration que chacune requiert, voilà ce qui me semble capital.

(*1964*)

Mon intérêt va à tout ce qui touche à l'homme, et surtout là où bouillonnent passions, amours, haine. La colère et même la violence peuvent être bonnes et belles quand elles sont justifiées par une cause juste. Même au sein de l'Église catholique, apostolique et romaine, on a admis durant un temps la faculté de donner la mort aux tyrans. Voilà pourquoi je n'approuve pas toujours quand on ne voit dans mon œuvre que silence et non-violence. Oui, je pense que dans un monde plein de fracas et de bavardages stériles comme l'est le nôtre, le silence est précieux et que parfois, il peut-être plus éloquent que la parole. Mais il ne faut pas confondre ce silence avec une attitude de passivité, d'indifférence ou d'orgueil. Ce silence vaut par contraste. Et ceci ne veut pas dire qu'en certaines occasions il ne me plaise pas aussi de crier. C'est indispensable, lorsqu'on est en désaccord avec presque tout ce qui vous entoure, et qu'on voudrait tout soumettre à révision. Lorsqu'on croit, comme disait je ne sais plus quel poète beatnik, que le monde ne peut pas aller bien loin tant que, par lutte et scandale, nous n'aurons pas réussi à renvoyer les honorables représentants de l'ordre à la catégorie qui leur convient, c'est-à-dire à celle des receveurs de tramway, il n'y a pas d'autre issue que de crier et de frapper fort.

Picasso : il administre la preuve que l'activité d'un grand artiste est toujours parallèle aux grandes idées.

Goya : les artistes ont toujours lutté contre l'obscurantisme de l'Ordre.

Le Greco : l'un des plus grands ; il n'a jamais beaucoup plu à l'orthodoxie « officielle ».

Vélasquez : on a dit beaucoup de choses sur Vélasquez. Il sert de bannière à ceux qui voudraient que l'artiste soit pur comme un corps chimique, c'est-à-dire qu'il n'ait d'autre préoccupation que les jeux de la lumière. Je vois en Vélasquez la pureté d'un étang..., mais rempli de crapauds.

(*1966*)

Si je peins comme je peins, c'est d'abord parce que je suis catalan. Mais, comme tant d'autres, je suis atteint par le drame politique de l'Espagne tout entière. Même contre mon propos, il se manifesterait dans mes œuvres.

Je crois que je peux me considérer comme matérialiste, quitte à nuancer ce terme. Je veux comprendre la structure de la matière. Je veux l'imaginer à la lumière des connaissances actuelles, et passer d'une matière particulière à une matière généralisée. Ainsi, je voudrais arriver à changer la vision globale que les gens ont du monde : on peut à partir de la connaissance de la matière atteindre d'autres niveaux : le niveau social, politique, éthique. Peindre, c'est une façon de réfléchir sur la vie — et la réflexion est plus active que la simple contemplation —, c'est la manifestation d'une volonté de discerner la réalité, de la fouiller, de collaborer à sa découverte et à sa compréhension. Peindre, c'est aussi créer la réalité.

Comme un chercheur dans son laboratoire, je suis le premier spectateur des suggestions possibles arrachées à la matière. J'en déchaîne les possibilités expressives, même si je n'ai pas au départ une idée parfaitement claire de ce que je vais faire. C'est au fur et à mesure de mon travail que je formule ma pensée ; et de cette lutte entre ce que je veux et la réalité de la matière, de cette tension, naît un équilibre.

Il y a parfois dans mon œuvre un refus

de certaines réalités : réalités artificielles, besoins créés de toutes pièces... Il y a par exemple le monde de la publicité et de ses couleurs. Inconsciemment, je cherche et j'imagine une autre couleur ; une couleur dramatique, profonde, capable d'exprimer des valeurs essentielles. Il faut retrouver la véritable couleur du monde, lorsqu'il n'est pas dénaturé par la banalité publicitaire. La couleur n'existe pas en soi. J'ai besoin d'une couleur intérieure.

Dans certaines occasions l'artiste doit pour défendre les valeurs humaines authentiques se joindre aux manifestations des autres hommes. Lorsqu'il retourne à son atelier et qu'il reprend son travail, lorsqu'il peint, c'est le même combat qu'il poursuit. Je veux inscrire dans ma peinture toutes les difficultés de mon pays, même si je dois déplaire : la souffrance, les expériences douloureuses, la prison, un geste de révolte. L'art doit vivre la vérité.

Il faut montrer aux hommes qu'il est nécessaire de rester en communion avec la nature, sans craindre un certain mysticisme. Même la sexualité doit être considérée de ce point de vue spirituel ; tout ce qu'on tenait pour constitutif d'un monde divin, selon les termes d'Alan Watts, se révèle alors identique au monde de chaque jour.

La valeur d'un artiste réside dans la somme complexe d'idées, de sentiments, d'exemples (parfois mauvais) qu'il réussit à communiquer. Il n'est donc pas étonnant qu'il ait parfois à cœur de se montrer dans sa parfaite nudité, à travers son œuvre, mais aussi dans toutes ses conduites, dans toutes ses expressions y compris l'expression verbale. Peut-être cet ensemble représente-t-il sa véritable œuvre. Et ses tableaux, ses sculptures ou ses poèmes, œuvres « partielles », deviennent certainement beaucoup plus intelligibles dans la perspective de cet ensemble complexe.

On a tendance à considérer que le trait le plus remarquable des artistes contemporains est leur attitude de révolte et de contestation envers les valeurs conventionnelles. Souvent, on fait passer cette attitude pour un trait constitutif du tempérament de l'artiste, et parfois même la société s'en accommode très bien comme d'une critique négative non sans charmes...

Évidemment, le pouvoir, l'ordre, l'autorité, persistent à se croire seuls capables d'actes positifs. Mais les propositions positives de l'artiste sont en fait beaucoup plus subversives que ses critiques : mais il est interdit d'en parler, même par allusions. Lorsqu'il est enfin possible, le temps passant, d'expliquer ces propositions, on les considère comme des élucubrations dues à ce que l'on appelle alors les fantaisies et les excès de notre vision des choses. Voilà pourquoi la forme artistique actuellement prédominante est un art-critique, presque un art-caricature. Il est certes important qu'un tel art existe, mais malheureusement cet art est devenu peu à peu banal, répétitif, facile. L'œuvre, pour être complète, doit aussi, malgré les difficultés que cela représente, aller au fond des choses ; elle doit poser les jalons d'une nouvelle connaissance positive, d'une connaissance philosophique et éthique violente, capable de donner à notre monde un sens nouveau.

Le sentiment artistique a des rapports profonds avec le sentiment mystique. Bertrand Russell considère qu'il y a une sagesse que l'on ne peut atteindre que par un certain mysticisme. D'après lui, l'esprit de vénération propre au mysticisme peut susciter et aider la recherche attentive et patiente de la vérité à laquelle se livre l'homme de science.

Ce sentiment mystique, presque indéfinissable, me semble fondamental pour un artiste. C'est comme une « souffrance » de la réalité, un état de constante hypersensibilité à tout ce qui nous entoure, bien et mal, lumière et obscurité. C'est comme un voyage au centre de l'univers qui fournit la perspective nécessaire pour situer toutes les choses de la vie dans leur dimension réelle.

Si l'on pense que l'art peut constituer un moyen d'atteindre à la connaissance, il est absurde de reprocher à l'artiste de se mêler de morale ou de politique. La seule connaissance authentique naît de l'amour universel. Lorsque nous aimons, nous souffrons de toutes les formes d'oppression et de toutes les dictatures ; et nous désirons lutter pour la liberté, pour la justice, et pour tout ce qui peut favoriser la dignité humaine.

Il y a parfois dans mon œuvre un hommage aux objets insignifiants : papier, carton, détritus... Comme l'a dit Jacques Dupin, la main de l'artiste n'est pour ainsi dire intervenue que pour les recueillir et les sauver de l'abandon, de la fatigue, de la déchirure, de la marque du pas de l'homme et de celle du temps. Puisque partout dans le monde les valeurs sont aujourd'hui sens dessus dessous, cette démarche peut être efficace. L'idée que l'artiste ne s'occupe jamais que de choses « belles » ou « importantes » est si répandue qu'il peut être intéressant et positif de montrer que nous préférons ce qui aujourd'hui passe pour laid, pauvre, stupide ou absurde (du moins par ceux qui ne trouvent sérieux et importants que les mariages de princesses, les championnats de football, les référendums, les recteurs d'université ou les voyages dans la lune). Sans se lasser, il faut habituer le public à considérer qu'il y a mille choses qui méritent d'être rangées dans la catégorie de l'art, c'est-à-dire de l'homme : beaucoup de choses qui, pour minuscules qu'elles puissent d'abord paraître, deviennent, offertes au regard dans leur vrai jour, infiniment plus grandes et plus dignes de respect que toutes celles qu'il est convenu de juger importantes. Il faut aussi montrer qu'on peut se passer d'admirer ou de redouter ceux qui se pavanent sur les hauteurs indifférents à ceux-là qui restent en bas. Ces touches d'humilité sont donc dans mon œuvre des marques de contestation, et comme l'a dit justement Joan Teixidor, il ne s'agit pas simplement d'une « histoire intime », mais d' « un instinct de justice et de paix », qui sert de porte-voix à une situation collective.

Il faut se garder de toujours demander à une œuvre d'art des solutions, ou même des allusions à des problèmes immédiats ou trop concrets.

L'art traite plutôt de lignes générales et fondamentales, de schémas élémentaires, de visions globales. Si cette armature est solide, tout le reste peut facilement se ranger à sa place, comme les pièces d'un puzzle une fois qu'on a deviné la figure qu'elles doivent former. Il y a des gens qui jugent orgueilleuse et hautaine cette conception de l'art. Un tel jugement est radicalement faux. L'homme de science se trouve souvent dans cette situation, et personne ne lui en fait grief. Pour éclairer mon propos, je citerai cette réponse de Bertrand Russell à une société protectrice des animaux qui lui demandait de s'unir à sa campagne contre la chasse au renard en Angleterre ; elle me paraît éclairante : « Entièrement d'accord avec vous, disait-il. Mais je suis tellement pris par ma campagne pour l'interdiction des armes atomiques que je ne peux m'occuper de rien d'autre. Et comme une guerre nucléaire tuerait probablement tous les animaux, il me semble que je lutte déjà pour votre cause. »

Je n'ai jamais cru à la valeur intrinsèque de l'art. En soi, il me paraît n'être rien. Ce qui est important, c'est son rôle de ressort, de tremplin, qui nous aide à atteindre à la connaissance. Aussi trouvé-je ridicule qu'on veuille l' « enrichir » par un surcroît de couleurs, de composition, de travail... L'œuvre est un simple support de la méditation, un artifice servant à fixer l'attention, à stabiliser ou à exciter l'esprit ; sa valeur ne se juge qu'à ses résultats.

(*1967*)

Tout se passe comme s'il y avait dans notre pays une véritable conspiration visant à futiliser l'œuvre d'art. Dès que l'artiste met quelque chose sur la place publique, voilà qu'on l'édulcore, qu'on le nettoie, qu'on le dépolitise, qu'on l'arrange, qu'on le maquille, si bien que l'œuvre finit par être méconnaissable. Il est alors quasi impossible à la société d'y voir quoi que ce soit dont elle puisse tirer profit. Personnellement, j'ai connu des époques diverses, de celles où l'on censurait encore les expositions jusqu'à d'autres placées sous le signe de la promotion de l'art mais à destination de l'étranger. Je me souviens de situations qui aujourd'hui paraissent burlesques. Une fois, j'ai assisté à l'arrivée d'un lot de mes tableaux, expédiés officiellement de Madrid pour une biennale à l'étranger. Sur les caisses, on avait collé des étiquettes : « Matériel de propagande. »

Si, à juste raison, on assimile Picasso à Barcelone, la Catalogne a donné le meilleur de l'art contemporain.

Pablo Picasso et Joan Miró. Aujourd'hui affirmation facile. Mais nos cadets ignorent qu'il n'y a que peu de temps qu'elle a officiellement droit de cité dans notre pays ; cela date du moment où il devint impossible de cacher qu'ils étaient considérés, dans le monde entier, comme des personnalités de premier plan. On découvrit alors pour interpréter leur œuvre la notion d' « esthétique pure ».

Les positions de ces deux artistes, leur attitude morale et leurs idées politiques nous ont servi d'exemple et sont pour nous un symbole. Ils sont la preuve qu'il n'y a pas de grands artistes sans rigueur dans les principes, sans engagement, sans dignité. La double présence de ce symbole a été pour nous d'une importance capitale : elle a été la meilleure des orientations, la meilleure façon d'apprendre que la qualité artistique est indissociable de l'honnêteté et de la rectitude.

Certains artistes ont cherché dans la boisson ou dans la drogue la tension d'esprit, les transes ou l'état d'hallucination qui sont nécessaires lorsqu'on est aux prises avec une œuvre violente. Il est certain que dans notre travail, ou, du moins, au moment où nous nous formons une idée préalable de ce que nous allons faire, il est indispensable d'être dans un état de particulière sensibilité. On est impressionné quand on voit les artistes orientaux, — à juste titre passés maîtres dans les techniques de la concentration — travailler à des œuvres d'exécution rapide, à l'encre de Chine par exemple. Ils se livrent à tout un cérémonial très instructif. En revanche, je ne crois absolument pas à l'efficacité, dans une séance travail, des drogues ou de l'alcool : s'il est vrai qu'ils sont des stimulants pour l'imagination, il est vrai aussi qu'ils font perdre l'indispensable contrôle de soi-même. La preuve en est que les expériences picturales tentées sous l'effet de la mescaline, par exemple, sont généralement d'une pauvreté et d'une monotonie lamentables.

Il existe des moyens naturels pour stimuler la méditation, pour exciter l'imagination, bref pour préparer au travail. J'ai fait l'expérience des bons résultats que je pouvais obtenir d'une marche rythmique, accompagnée de sons rythmés, autour de mon atelier. Ce doit être quelque chose d'assez voisin du type d'excitation que procurent les danses africaines. Mais tout est relatif et dépend des besoins que l'on a et du moment où ils se manifestent. En fin de compte, le travail lui-même est le meilleur stimulant. Les œuvres s'y étayent les unes les autres et les suggestions fournies par les nouvelles formes vont s'élevant comme les murs d'un édifice en fonction de l'ensemble.

Cette recherche par l'artiste d'une tension spirituelle particulière a été à la source de nombreuses légendes. Et l'esthétique jdanovienne, qui a imposé sa loi durant des années de par le monde, n'a pas joué le rôle le moins important en ce qui concerne les jugements douteux portés contre ceux qui revendiquaient cette tension, singulièrement les Surréalistes.

Mais ce qui est certain, c'est que la recherche systématique d'états hallucinatoires n'a jamais débouché sur un abandon de l'état de veille. Ainsi que le fait remarquer Michel

Carrouges, dans le texte de Rimbaud : *Le poète se fait voyant par un long, immense et raisonné dérèglement de tous les sens*[1], on a tendance, de façon intéressée, à oublier le mot *raisonné*. De même, dans la phrase de Breton : *En fin de compte, tout dépend de notre pouvoir d'hallucination volontaire*[1], on oublie le mot *volontaire*, correctif qui nous montre que l'art n'a jamais été, même aux moments où il pouvait en sembler le plus proche, le pur délire que les conservateurs de l'ordre veulent donner à croire.

(*1968*)

Le jour où existera une politique culturelle efficace et véritablement digne de ce nom, c'est-à-dire une politique qui mette au service de nos besoins actuels, du progrès et de l'enrichissement de notre esprit toutes les manifestations de la culture, anciennes et récentes, alors les artistes nouveaux cesseront d'être mal compris. Cesseront aussi les

1. En français dans le texte. (*N. d. T.*)

jugements erronés que l'on suggère au peuple : les artistes sont des « cas », des personnages extravagants, des clowns. On comprendra alors l'importance de leur rôle dans la société.

Pour se mettre, comme on dit, au diapason de l'Europe, on se livre dans la Péninsule à un véritable simulacre de culture. Noms prestigieux, dates importantes, titres d'œuvres célèbres... tout cela nous est livré en vrac et, présenté sans recul, sans référence aux nécessités actuelles, proprement incompréhensible. Il suffit de regarder quelles sont les lectures que recommande la télévision, et le type de concours qu'elle organise. Tout y est affaire de mémoire, de niaise érudition, sans relation avec la vie. En revanche, rien, jamais, sur les formes de gouvernement, sur les droits des hommes, sur les droits politiques ou syndicaux, aucune explication sérieuse sur le véritable sens de l'art nouveau. On en est au point que l'on peut voir à la télévision des concurrents capables de trouver que Rimbaud a écrit le sonnet des *Voyelles* ou Éluard son fameux chant à la *Liberté*, mais que personne ne peut lire effectivement ces poèmes face à des millions de téléspectateurs, que personne ne peut les commenter, en tirer les conséquences dont notre société a besoin. Et ne parlons pas des œuvres classiques diffusées dans de vieilles traductions, déformées, blanchies, transformées en divertissement rhétorique ; ni du temps d'antenne démesuré qui partout dans le monde est consacré à la « culture » des feuilletons et à toutes les drogues d'abrutissement.

Nous vivons, sur le plan culturel, les mêmes difficultés qu'au siècle dernier, quand certains chefaillons de village tentaient d'empêcher les gens d'apprendre à lire et à écrire, de peur qu'ils deviennent moins faciles à tenir en main. Nous sommes horrifiés d'entendre les classes dominantes encore affirmer, avec une démagogie qui ne nous surprend plus, qu'il faut plutôt offrir au peuple des choses qui lui plaisent que trop d'intellectualité.

On parle beaucoup d'un prétendu triomphe à l'étranger de l'art de l'Espagne actuelle. Ceux qui ont vécu de près les problèmes de l'art espagnol savent que c'est là un bluff dont nous devrions avoir honte. Nous savons que les personnalités qui comptent réellement dans le monde de l'art ont émigré depuis longtemps, physiquement ou moralement, et que pas une œuvre authentique n'aurait pu voir le jour si ces gens étaient restés enfermés ici. Où est en réalité l'art espagnol ? L'art, et cela est valable pour la culture en général, ne peut pas exister ni avoir de portée universelle s'il ne trouve un écho dans la sensibilité d'un public. Les artistes quittent leur pays, non pas pour chercher fortune, comme on le fait croire, mais simplement parce qu'ils n'arrivent à être artistes qu'en fonction de spectateurs à la sensibilité ouverte qu'il faut bien trouver quelque part, ne serait-ce que dans un futur que l'on souhaite proche. Une autre raison à leur départ est l'espoir que l'autorité qu'ils auront acquise au-delà des frontières leur permettra un jour de se faire écouter dans leur propre pays.

Avec le temps, on s'apercevra de la décadence à laquelle nous a menés le retard accumulé au cours des dernières décennies, en ce qui concerne la formation de la sensibilité de notre société à toute culture. A moins de croire qu'il n'y a pas de meilleure formation que la platitude des prix nationaux de Peinture, livides comme des cadavres, qui s'amoncellent depuis trente ans à l'Académie des beaux-arts, ou que la vulgarité des chanteurs qui sévissent à la télévision.

Si on ne fait pas tout pour faciliter la diffusion et l'enseignement d'une véritable culture formatrice, si l'on continue à considérer qu'il faut donner au peuple ce qu'il demande, il est évident que jamais ne se formera cette indispensable sensibilité. Et puis, lorsque par exemple un responsable des programmes de télévision déclare, comme je l'ai vu, que c'est le peuple qui demande telle ou telle chose, au nom de quel peuple parle-t-il, et qui l'a délégué pour l'affirmer? S'obstiner à prétendre nous faire croire qu'avec cette mentalité on assume une tâche culturelle, cela équivaut à affirmer que l'on peut arriver à nager sans même voir l'eau.

Malheureusement, cette mentalité se manifeste encore dans bien d'autres domaines : on met des entraves à la pratique de la sensibilité démocratique, ou de la liberté en général, qu'on ne peut apprendre qu'en la conquérant.

Mais rien de tout cela n'est illogique. Comme l'a rappelé récemment Maria Lluisa Borràs dans la revue *Destino*, la sensibilité d'un peuple est sa force, une force qui dans le monde entier constitue un danger sérieux pour les puissants. Il n'est donc pas étonnant que les instruments qui devraient être le bien commun à tous les hommes soient toujours confisqués par ceux qui entendent les réserver pour le profit de quelques-uns.

(*1969*)

IV. LA TRADITION ET SES ENNEMIS DANS L'ART ACTUEL

Ce texte, primitivement beaucoup plus bref, fut écrit au cours de l'été 1965 à la demande de Rolf Wedewer, pour son livre *La tradition dans l'art moderne* (Éd. Dumont Schauberg, Cologne). Une question identique avait été posée à des artistes de tous pays. « Quels peintres, quels styles du passé (ou de ce que l'on appelle les débuts de l'art moderne) ont exercé une influence sur votre évolution artistique ? »

Celui qui connaît le blanc mais se maintient dans le noir est la mesure du monde.

Tao-tö king.

Si on me demande quelles traditions, quelles écoles ou quels artistes du passé ont eu une influence sur moi ou sur mon œuvre, au premier abord je suis tenté de répondre qu'un véritable artiste ne devrait reconnaître d'autre ascendance que cet esprit de révolte qui, au début de ce siècle, trouva son expression extrême dans la formule : « Il faut brûler les musées. »

Je crois en effet, que c'est dans cette attitude libertaire, faite d'irrespect et de refus de tout maître, que l'on doit justement voir une des meilleures leçons que certains de ces artistes ont pu donner. Elle représente une lutte, — et non un acquis — que pour rien au monde nous ne devons oublier. Après des siècles de soumission à des églises, à des puissances ou à des académies, l'artiste est devenu penseur indépendant. Cela ne va pas sans de sérieux empêchements, tant le pouvoir qui le surveille est habile à tisser autour de l'artiste un réseau renouvelé de contrôles et de censures. Il n'en reste pas moins que les avant-gardes des cinquante dernières années ont créé un des modèles les plus intéressants d'artiste « libre-penseur », qu'il est aujourd'hui difficile d'éliminer. Ce qui alors semblait parfois relever du penchant iconoclaste de la jeunesse apparaît aujourd'hui comme un mouvement constant impossible à arrêter, et qui, comme on l'a dit, brûle les étapes à toute vitesse et devient déjà la norme et la garantie de la qualité la plus haute.

Dans cette « hygiène » de l'art, si salubre, il n'est pas étonnant que lorsqu'un « jeune » artiste doit nommer ses maîtres, il déclare avec impertinence qu'il ne doit sa source d'inspiration à personne, qu'il la trouve dans la vie même et dans sa façon personnelle de la comprendre, convaincu que le fond de son art dépend de l'originalité — le retour à l'origine —, de l'intensité et de la lucidité avec lesquelles il vit sa vie. Nous ne sommes donc plus les prisonniers de l'esthétique. Nous savons que tout doit passer par les fers qui nous brûlent la chair. Et si un jour l'artiste se décide à nommer des maîtres du passé, ce sera toujours pour avoir reconnu en eux l'homme qui se meut dans la même solitude élémentaire que lui, l'esprit et le corps ouverts, libre de tous les dogmes, plus que jamais en quête de l'indispensable vérité au revers de toutes les désillusions idéologiques qui sont notre lot commun.

C'est dans ce sens que nous osons peu à peu parler de ceux qui nous ont montré le chemin.

C'est en pensant que les enseignements qu'ils nous ont donnés sont du même ordre que ceux que les maîtres spirituels de tous les temps donnent au disciple qui cherche la clarté — on sait que le disciple doit apprendre à tout recommencer par lui-même et à s'approcher de la lumière sans que personne puisse le faire pour lui. Ainsi seulement nous pouvons nous référer aux traditions ou aux artistes qui ont marqué notre formation, qui nous ont servi de guide, sur lesquels nous nous sommes appuyés dans nos moments de doute.

Ces premières précisions données, je dois ajouter avec T. S. Eliot, que je ne crois pas qu'un poète ou qu'un artiste puisse avoir de sens à lui seul. Les comprendre, c'est voir leurs rapports avec les poètes et les artistes du passé, leur valeur est fonction d'un ensemble nommé tradition. L'histoire des formes sensibles ressemble à une plante, qui grandit selon les lois de son développement : à une certaine distance, chacune des œuvres composant cette histoire ne constitue qu'une légère modification aux autres œuvres.

Nous nous apercevons que l'exigence d'originalité et d'expression à outrance se matérialise finalement, comme toujours dans la dialectique de la nature, dans le choc des contraires. Et nous apprenons vite que pour mieux savoir aimer, il faut d'abord haïr l'ennemi avec d'autant plus de force.

Sur la fange de notre « terre de naufrages » flottaient, naturellement, les dépouilles de ce qu'on a appelé l'Humanisme. Mais nous savions que s'il arrivait aux autorités de service d'invoquer la démocratie grecque, Érasme, Spinoza ou Rembrandt, ces références n'étaient que les figures de l'éternelle rhétorique, maniée par la scolastique du cynisme.

Jamais ne fut aussi fort qu'à ce moment-là le dégoût qu'inspire ce monopole de l' « Humain ». Et la noirceur de Goya, l'aspect démoniaque de Füssli, le *pathos* de Böcklin ou l'onirisme de Blake, dans l'incandescence du romantisme wagnérien, nous semblaient des guides plus sûrs pour accompagner notre nécessaire descente aux origines de l' « Éternel Retour », univers rare d'obscure sagesse qui nous est ouvert par Héraclite et Nietzsche, Nagarjuna et Schopenhauer...

Puis vient l'exubérance moderniste et la

folie panthéïste de Gaudí. Puis, la procession des « -ismes » qui a suivi la génération des impressionnistes (Poe, Whitman, Rimbaud, Mallarmé, Van Gogh, Gauguin, Cézanne) « après cinquante ans durant lesquels l'aventure avait ouvert une fenêtre dans la solide convention humaniste-euclidienne » (comme dirait mon ami Michel Tapié) et surtout après l'arrivée de ces hommes porteurs de feu, qui avaient nom Tzara, Duchamp, Arp, Picabia, Paul Klee, Ernst, Breton, Éluard, Aragon..., et chez nous en Catalogne, Picasso ou Joan Miró. Époque de transformation des fondements de la réalité, de la physique classique. Époque de révolution dans les sciences de la nature (relativité, lois d'indétermination, quanta...) dans les sciences de l'homme (Freud, Jung...), de libération de la sexualité, d'essor prodigieux de la technique, d'avènement des grandes révolutions sociales. Époque qui coïncide avec l'irruption en Europe d'autres cultures jusqu'alors considérées comme sauvages, par quoi a été déplacé définitivement le centre de gravité de l'Humanisme occidental, que l'on pensait intouchable, et que voici maintenant réduit en miettes.

Les cavaliers de la barbarie de l'Ouest

nous poussaient à la recherche d'autres mondes. Et plus nous paraissions, à certains yeux, fuir la réalité, plus nous nous en approchions. Les professeurs, juchés sur leurs certitudes rationnelles, continuaient du haut de leurs chaires à construire des machines pour le Moloch de Metropolis. C'était le PROGRÈS, nous disaient-ils. Mais leur progrès s'écrivait avec le P de paternalisme, de propriété privée, de parias, de porcs, de paroles, de poings, de police, de plus-value, de pauvreté, de propagande, de passage à tabac, de pistolets, de poudre, de prison.

Bien sûr, malgré l'empire de la « civilisation » et de l' « humanisme » occidental, nous avons eu nous aussi notre modèle, plus ou moins grossier, d'artiste-intellectuel moyen. Ce « modèle » a eu des moments féconds (dans la Grèce antique, à la Renaissance...), et grâce à quelques philosophes et à quelques poètes a exercé en Europe une influence non négligeable. Mais dans le domaine de la peinture, c'est sans doute l'Orient qui nous offre de meilleurs exemples.

Les manifestations incendiaires des mouvements d'avant-garde, qui partaient d'un cri de rage pour qu'on ne vole pas l'art à la vie, ne signifiaient en rien un divorce avec les grandes traditions. Nous verrons plus loin quels sont ceux qui en réalité les nient. En fait, les traditions étaient partout : au cœur de ces mondes que les colonisateurs jésuites nous avaient cachés pendant longtemps, enracinées au cœur des contrées où les sorcelleries religieuses s'étaient, au nom de l'« humain », converties en sagesses, et où les dieux s'étaient changés pour toujours en une communion parfaite de tous les êtres de la nature.

Je voudrais donc, parmi les innombrables influences qui se sont imposées à moi, mettre l'accent sur une de celles qui me sont le plus chères. L'Inde fournit la toile de fond; cependant je me bornerai ici à évoquer la richesse spirituelle que nous avons acquise de tel aspect de l'art chinois ; précisément de l'art né de la rencontre de la sagesse chinoise et du bouddhisme, avec tout ce que celui-ci apportait de la pensée hindoue.

Comme on le sait, le monde des doctrines de Lao-tseu et de Chang Se, des règles de Confucius et de Mencius, en forma, enrichi par le bouddhisme, la branche « mahāyāniste », qui, durant des siècles, mit son cachet original sur la civilisation chinoise laquelle nous offre un des plus hauts exemples de tous les temps d'humanisme authentique. Et que peut-il y avoir de plus troublant pour un artiste que d'apprendre qu'à certaines époques plus fortunées il y eut une culture régie par les poètes et par les peintres ?

Pensons aux artistes-intellectuels connus sous le nom d' « érudits » ou de « lettrés » (Siren les appelle *gentlemen-painters*) et à leurs successeurs. Les poètes — la poésie est toujours aux avant-postes —, depuis des temps très anciens, nous ont donné les fruits d'une pensée libérée, anticonformiste, enracinée selon l'esprit du Tao à la nature des choses. Mais il semble qu'en Chine la peinture elle-même ait eu, dans cette même voie, dès la lointaine époque des Six Dynasties, des pionniers qui forcent notre attention : paysages aux éléments ordonnés de façon fluide, technique monochrome qui unifie le cosmos. Rappelons-nous surtout la grande éclosion produite par ces personnages que nous admirons tant, en qui le poète se confond avec le peintre (des peintres qui savaient se transformer en dragons) et le calligraphe avec l'homme d'État.

Je pense à un Wang-wei, par exemple, ou à un Li Tái-po, de la dynastie Táng, et plus tard, à ceux qui fleurirent dans la dynastie Song (les Wang Hi-Tche, Mi Fei ou Sou Tong-pó, et après, les Liang Kai ou les Mon Tseu), qui à leurs plus brillantes époques furent non seulement au centre de la vie culturelle, mais eurent aussi une influence directe sur la politique de leur pays (une politique alors précisément la plus humaine et la plus progressiste du monde), quand ils ne s'incarnaient pas dans la personne de l'empereur lui-même.

Sommes-nous en train de bâtir un paradis idéal ? Peu importe. Les paradis océaniques dont rêvait Gauguin avaient peu de choses à voir avec la réalité qu'il découvrit plus tard. De même que ce qui a de la valeur dans le personnage du Christ n'a certainement rien à voir avec le fait qu'il ait ou non existé.

Ce qui compte, c'est l'exemple à jamais vivant de ces personnalités libres, chez qui l'art signifiait intelligence vive, méditation profonde, dialogue, discussion. La spécialisation à des fins mercantiles était alors inconcevable : tout se faisait par pure affection et par pur amour, et le peuple avait à sa tête des hommes véritablement représentatifs. C'est pour cela qu'à l'inverse de ce qui se passe à l'ordinaire, les intellectuels pouvaient occuper des postes de conseillers, de ministres ou de généraux.

Même si ce ne fut pas tout à fait une époque idéale, nous pouvons dire de façon certaine qu'il y eut alors quelques éclairs de lumière, sortis comme par miracle d'une utopie platonicienne ; mais comme toujours, l'intelligence et la bonté sont bien vite chassées des postes de gouvernement par la malice et par l'ignorance. Souvenons-nous que Sou Tong-pó souhaitait que son fils ne fût pas intelligent : ainsi il parviendrait peut-être à devenir ministre.

En revanche, quand nous pensons à la vulgarité et au mauvais goût de tant de monarques, de gouvernants ou de leaders occidentaux, quand nous pensons qu'aujourd'hui, pour donner un exemple de médiocrité artistique, on emploie les formules « style de la reine d'Angleterre », « style Vatican », ou « style des dictateurs européens », nous nous rendons compte à quel point nombre d'hommes d'État et de personnages publics sont coupés de la réalité et des authentiques destinées humaines (ce dont en fin de compte le grand art s'est toujours occupé).

Je pense donc qu'en Chine les artistes « érudits » qui ont été les plus proches de l'enseignement Tchang ont atteint l'inspiration la plus intense ; et le plus haut degré de perfection, je le vois dans les œuvres des moines-peintres. (Pensons, outre ceux qui ont déjà été mentionnés, à Che-t'ao ou à Pa ta chan jen, à la chute des Ming). Il n'y a rien d'arbitraire à ce que les croyances de cette branche mahāyāniste soient considérées comme la forme la plus accomplie de la sagesse chinoise, et même du grand édifice de la sagesse extrême-orientale. Pour être les plus authentiquement humaines, elles ont eu le plus d'influence sur certains grands philosophes occidentaux d'aujourd'hui, et qui satisfont encore les exigences intellectuelles de l'homme du xxe siècle en dépit de l'abandon où on voit partout les religions.

Ces croyances sont aussi à l'origine des sentiments profonds et délicats des maîtres Zen, qui forment la base des meilleures manifestations de la civilisation et de l'art japonais. L'ouvrage le plus instructif que l'on pourrait aujourd'hui entreprendre serait celui qui ferait le bilan de toutes les préoccupations esthétiques, métaphysiques, éthiques, etc., présentes dans l'art chinois de ces périodes, et qui montrerait qu'on peut les retrouver, recréées presque point par point, dans nombre de propositions des meilleurs des artistes et des poètes de l'actuelle avant-garde. Les coïncidences sont telles qu'on en vient à croire que les études de spécialistes sur les éléments essentiels de la peinture et de la calligraphie chinoises ont peut-être été provoquées par les idées et par l'art mis à la mode par certains penseurs et artistes d'aujourd'hui. C'est un exemple typique de revalorisation d'un style passé par les besoins actuels. Il n'est pour s'en convaincre qu'à penser, en suivant par exemple l'analyse de Vandier-Nicolas, à toutes les exigences de l'art chinois : pureté, spontanéité, volonté de transmission de l'esprit, espaces intérieurs, éveil subit, réduction dialectique des opposés, destruction du monde, folie et extase créatrice, conjonction de la peinture et de la musique, valorisation de l'irrationnel, etc. Ou bien, selon l'énumération de Goeper : la peinture comme procédé magique, comme pratique de la méditation, comme prise de conscience, comme libre expression de soi, comme libération et découverte des forces vitales, comme discipline éthique. Sans compter les innombrables moyens d'expression qui semblent extraits d'une théorie moderne de la peinture : automatisme, hasard contrôlé, mise à profit de l'accident, matériaux mixtes, instruments hétérodoxes, formes paradoxales (pensons au Koan et autres moyens irrationnels d'atteindre une cible), la technique hsieh-hi du travail à l'encre de Chine, etc. ; tout cela nous fait penser à bien des procédés employés par le surréalisme, la non-figuration, et tous les mouvements artistiques récents.

Mais le plus surprenant de toute l'esthétique élaborée alors en Extrême-Orient par des poètes, des musiciens, des peintres, des calligraphes, des philosophes, des mystiques et des hommes d'État, et dont notre esthétique actuelle a subi une influence réelle (en dépit de fréquentes confusions et déformations), le plus surprenant est le fait de concevoir l'art comme un comportement total, engageant jusqu'aux moindres détails de la vie quotidienne. Selon cette conception, l'art n'a pas le monopole des rapports aux choses sur le plan élevé de l'activité spirituelle : toutes les activités professionnelles — de la peinture au jardinage, de la poésie à la céramique, de la calligraphie à la médecine, de la musique à l'architecture, de la sculpture à la politique, et ce qui nous étonne davantage encore jusqu'aux tâches considérées en Occident comme modestes ou inférieures — doivent participer *d'un art de vivre* plus général.

Ainsi, l'on peut parler d'un art de balayer. de faire la vaisselle, de composer un bouquet, de jouer, et même (nous sommes loin de la « trivialité » qui durant des siècles a dominé l'Occident) d'un art de faire l'amour. Toutes ces activités, considérées avec une véritable sagesse, sont haussées dans l'échelle des valeurs à un degré beaucoup plus élevé que celui de la fausse dignité que revêtent dans notre société tant d'activités, tant de prestiges ostentatoires.

(Je crois qu'il n'est pas besoin de plus de détails pour se persuader que cette philosophie est au plus loin de beaucoup de ses interprétations actuelles, quand des sots affirment qu'il ne s'agit de rien de moins que de la liquidation de la peinture et de la sculpture. Rien à voir non plus avec la démystification que, selon certains, doit subir l'art comme activité spécialisée, selon la thèse que tout le monde peut de but en blanc devenir peintre ou sculpteur. Ce qu'il faut, c'est que chacun élève sa propre activité au rang d'œuvre d'art, et que toutes les professions acquièrent la dimension spirituelle de l'art.)

A la lumière des enseignements Tchang, l'univers, la nature qui nous entoure, le paysage, les relations humaines, l'acte sexuel, le moindre de nos gestes familiers, depuis la façon de faire la cuisine, de manger, jusqu'aux mouvements les plus humbles de notre organisme (souvenons-nous de la beauté magique d'un simple éternuement dans un haiku du poète-moine Basso), tout est transformé, « sacralisé », mis à sa juste valeur.

Beaucoup des valeurs dont s'énorgueillit notre société nous apparaissent alors comme le plus épais de la vulgarité et de l'inconvenance. Alan Watts nous montre que notre univers s'effondre faute du principe d'unité qui donne à la vie humaine sa véritable signification sans qu'il soit besoin de recourir à l'espoir d'un au-delà. Ni la philosophie ni la science occidentales ne nous offrent ce principe d'unité.

Et même les religions, qui pourtant prétendent remplir cette mission, sont incapables d'entraîner la conviction, sont incapables de transformer et d'améliorer le monde moderne, car l'enseignement de leur doctrine est fait de telle façon que l'homme n'y croit plus — sans compter que les continuelles concessions des ministres du culte aux valeurs et aux pouvoirs établis n'ajoutent pas à leur crédit.

Me jugeant loin de toute pensée religieuse, j'ai été longtemps troublé par le fait que les plus grands artistes, les plus grands poètes chinois et japonais, ceux qui m'étaient les plus proches et qui me touchaient le plus, étaient des sages et des adeptes. Mais en étudiant leurs propositions — mélange de mysticisme, de philosophie et d'art de vivre — j'ai compris que cette affinité n'avait rien de surprenant. Beaucoup de leurs croyances (athées, comme l'est tout le bouddhisme) ressemblent étrangement aux idées et aux conclusions auxquelles sont arrivés, après des siècles, beaucoup d'Occidentaux à l'esprit ouvert. Et il ne fait aucun doute que ces idées se sont peu à peu concrétisées, au point qu'aujourd'hui il y a un secteur de plus en plus grand de la pensée occidentale (dans lequel figurent notamment certains artistes) qui, sans renoncer au matérialisme, a établi un dialogue profond avec cette forme de spiritualité. Cette philosophie orientale est à tel point enracinée en nous qu'elle a maintenant perdu toute référence à son lieu d'origine. Et n'est-il pas probable, par chance pour notre monde, qu'elle soit appelée à rejoindre les conceptions dont approche l'humanisme marxiste occidental.

Les ressemblances que l'on peut observer entre certaines formes poétiques et artistiques de l'un et de l'autre monde ne relèvent donc pas simplement d'un mimétisme dû à la vulgarisation de l'art et de la poésie de l'Extrême-Orient et à la meilleure connaissance que nous en avons aujourd'hui ; elles obéissent à des causes profondes, dans lesquelles entre toute une conception de la vie. Peut-être faudrait-il, plutôt que d'influences parler de coïncidences ; coïncidences que nous avons la chance de pouvoir enrichir grâce aux traductions, qui commencent à se multiplier, du message des anciens maîtres orientaux et des récits de leurs expériences.

L'homme qui aujourd'hui se délivre des tabous et des préjugés philosophiques, moraux et religieux imposés par notre tradition culturelle fait facilement siens nombre des postulats de ce monisme oriental, que l'on pourrait qualifier de « spiritualisme matérialiste ». Ces postulats non seulement n'entrent généralement pas en contradiction avec les conclusions de la science occidentale, en particulier de la psychologie moderne, mais peuvent même lui être utiles, on l'a vu notamment lorsqu'il a été question de la nécessité d'une collaboration de la psychologie et de la physique pour pouvoir expliquer certains des problèmes les plus profonds sur lesquels butent les scientifiques dans leurs recherches sur la nature.

La passion pour la pensée et pour l'art de l'Orient, qui, autrefois était considérée comme un engouement du snobisme, décadent ou extravagant (il n'est qu'à se rappeler l'étonnement que souleva *La Révolution surréaliste*, alors dirigée par Pierre Naville et Benjamin Péret, du fait de son acte d'allégeance au Dalaï-Lama et de sa *Lettre aux bouddhistes*) a donc pris aujourd'hui un caractère presque scientifique. C'est en tout cas beaucoup plus que cet « *aimable coup de chapeau à l'Asie éternelle* [1] » que, selon Maurice Nadeau, les Surréalistes auraient donné sans trop y croire. Et comme le dit Robert Linsen, l'étude de l'identité des mécanismes de la matière et de l'esprit, qui est monnaie courante dans la pensée orientale, est considérée aujourd'hui comme essentielle, non seulement par de grands physiciens comme Broglie, Jordan, Oppenheimer (qui est allé jusqu'à apprendre le sanscrit pour pouvoir approfondir sa connaissance des doctrines hindoues) ou Bohr, mais aussi par les plus grands psychologues. « La matière est moins matérielle et l'esprit moins spirituel qu'on ne le suppose en général. La séparation actuellement pratiquée entre la physique et la psychologie, entre l'esprit et la matière, est métaphysiquement indéfendable », dit Bertrand Russel lui-même. Rien n'est plus proche de ces points de vue que certaines idées orientales considérées il y a peu encore comme le domaine réservé de quelques théosophes ou de quelques spirites prêtant à rire.

1. En français dans le texte. (*N. d. T.*)

L'art moderne, à partir des Impressionnistes, et à partir surtout de la rupture définitive pratiquée par Dada, peut tirer gloire d'avoir conçu intuitivement beaucoup de notions qui nous rapprochent de ces artistes « érudits » d'Orient, et de nous avoir ainsi placés à l'avant-garde de la pensée occidentale. Nous en sommes redevables à la lutte, d'instinct iconoclaste, que mènent toujours les artistes, à leur combat perpétuel pour ruiner les préjugés et l'asservissement aux mythes et aux pouvoirs qui régentaient notre culture. Voilà le grand service rendu par l'art du xxe siècle, qui a retrouvé la possibilité d'être une force vive dans la constellation de nos valeurs.

Quand on pense à ces grandes traditions qui, grâce à la divulgation historique et artistique de ces dernières années, marquent fortement les avant-gardes de ce siècle, et ont été pour nous si riches d'enseignements, on ne peut que trouver grotesques les académiciens de toujours qui continuent à se définir eux-mêmes comme dépositaires de la tradition. Qui est en réalité le plus fidèle aux principes des grands maîtres passés? Ceux qui n'ont pas cessé, béats, de se nourrir d'apparences et de copier les inventions formelles d'hommes qui eurent à répondre à des problèmes tout autres que ceux qui se posent aujourd'hui, ou bien ceux qui, contre vents et marées, ont fait leur, en profondeur, cet engagement dans la vie et la société qui parfois les expose à la violence et à la force brutale des conservateurs? Qui sont les véritables ennemis de la grande tradition, celle où s'est incarnée la lutte pour une complète libération de l'homme?

L'art « moderne » a ses réussites ; elles ont éclairci de nombreux problèmes, mais cela ne doit pas nous faire perdre de vue qu'il est indispensable de poursuivre la lutte. En effet, des problèmes aussi graves que ceux qu'eurent à résoudre pendant la première moitié du siècle des pionniers aujourd'hui consacrés se posent, sous d'autres formes, à la génération à laquelle j'appartiens.

Le degré d'indépendance et de liberté dont jouit l'art actuel a produit aussi une tendance à la facilité, à l'ingéniosité gratuite et à la création de formes sans fonction, comme disait ironiquement Paul Klee, parlant de tous « ces fils métalliques et ces triangles sur des planches, ces cercles sur des leviers, ces cylindres, ces sphères, ces cubes plus ou moins entrelacés, que l'œil absorbe aujourd'hui pour les envoyer dans des estomacs plus ou moins tolérants » ; « ils se gorgent et avalent tout ; ils peuvent se féliciter de posséder un magnifique estomac ». « Il y a des gens qui provoquent tout naturellement l'admiration des masses (aliénées) et des profanes : ce sont les formalistes. A l'opposé : la forme vive. »

Tout cela peut conduire en particulier aux pires opportunismes et aux pièges les plus dangereux. Au nom de la liberté, tellement chantée, on a trouvé d'innombrables moyens de la restreindre. Au nom de l'indépendance de l'artiste, on a trouvé des moyens obliques de censure pour l'asphyxier. Ceux-là mêmes qui avaient intérêt à divulguer les horreurs de la répression de style soviétique contre l'art d'avant-garde l'ont rendue trop impopulaire. Aussi est-il difficile aux gardiens de l'ordre, malgré tout leur zèle, d'attaquer de front les artistes « dangereux ». Aujourd'hui la tactique de la répression repose sur le processus inverse. Ce qu'il faut, c'est « susciter la création ». Que ce soit, en tout cas, l'excès, la prolifération et la surabondance qui se chargent d'étouffer ou d'affaiblir la voix des meilleurs, de ceux qui pourraient être pour la société des guides sûrs. Sous combien de stupidités ne croulons-nous pas, au nom de l'indépendance de la jeunesse, ou même de sa noble pureté! Combien de banalités n'applaudit-on pas et ne primet-on pas sous couleur d'art de rébellion! Combien de confusions ne crée-t-on pas en noyant le véritable créateur sous un flot de tendances prétendument nouvelles ou, la démagogie s'en mêlant, plus populaires, et qui ne sont que frivolités et fadaises inventées par l'ordre établi!

Il n'y a qu'à voir la masse d'expositions burlesques organisées, ou tout au moins patronnées partout dans le monde par certaines autorités : des « biennales du sport dans les beaux-arts » aux salons consacrés exclusivement à l'art féminin, en passant par les salons des sapeurs-pompiers, ou les salons de la nature morte, les salons du personnage ou du paysage — et pour le bénéfice publicitaire d'une firme commerciale. Et puis il y a ce fait insolite que beaucoup de ces expositions prennent un caractère nationaliste ou de propagande politique ; que l'on dit par exemple, de façon tout aussi ridicule que pour une compétition sportive : « Tel pays a gagné tel ou tel prix de peinture. » Pensons à ce qu'a d'étrange pour un observateur non prévenu que les expositions internationales soient organisées par des ministères, sur la base de traités d'échanges culturels à propos desquels les artistes ne sont jamais consultés ; que la promotion artistique soit parfois du ressort d'un ministère des Affaires étrangères et le choix des œuvres, le cas échéant, du ressort d'un ministère du Commerce, agissant selon on ne sait quels critères, quelles préférences ou quelle phobies. Comme l'a dit Jean Dubuffet : « Quand les Anglais inventèrent les ministères de l'Information, ç'en fut fait de l'information. Maintenant qu'on a créé des ministères pour s'occuper de la culture, ç'en est fait aussi de la culture. » La machination la plus efficace consiste à promouvoir des choses qui dégradent sans cesse davantage le rôle que l'artiste pourrait jouer dans la société.

Nous ne sommes pas victimes de fantasmes : il y a des lieux où chaque jour des bureaucrates s'acquittent de cette tâche particulière. Et bien sûr, ceux qui sont investis de la plus haute « autorité » en matière de Beaux-Arts et qui devraient veiller à leur défense sont les moins intéressés à le faire. La Beauté est un beau souci. On pourrait dire la même chose de ceux qui contrôlent les moyens d'information, et *a fortiori* des intérêts commerciaux qui se mêlent rapidement à tout cela. Tout ce monde, louant et suscitant sans relâche les spectacles les plus vides, fait au contraire tout son possible pour amener le public, la jeunesse en particulier, à un style de vie où la sensibilité et le goût auront la portion congrue. Il en résultera la persistance de l'ignorance et le retard du développement de nos capacités. Mais tout cela se fait évidemment au nom de la liberté de création, au nom de la culture et du progrès.

Qu'on ne pense surtout pas que je préconise une protection officielle de l'art. Nous ne savons que trop à quel degré de sclérose mène toute forme d'autodéfense académique. Sans compter qu'on arriverait à un bien piètre résultat en se contentant de protéger les artistes sans fournir d'autre part, à la société une véritable formation humaniste et surtout sans résoudre les problèmes du « temps de loisir », des journées de travail, de l'esclavage à des horaires épuisants et à des tâches abrutissantes, de tout cela qui bride le développement spirituel de l'homme.

A une époque comme la nôtre, quand partout alentour règne en matière d'esthétique le dirigisme (souvent policier), quand il devient difficile de parler de sagesse, de spiritualité, de sensibilité ou d'art de vivre sans provoquer le rire (ou la persécution, tant les valeurs se trouvent dénaturées), l'artiste authentique doit nécessairement paraître un marginal, un solitaire, un étranger, retiré, non du monde, mais de ce monde. Dans certaines conjonctures politiques les artistes-poètes-érudits des Song ou des Ming nous ont aussi enseigné l'art de se tenir écarté des choses officielles et de ne pas collaborer avec ce qu'on tient pour inacceptable. Dans leurs cabanes solitaires, ils conservaient leur indépendance, loin des fonctionnaires valets des anciens ou des nouveaux mythes inhumains ; retirés avec leurs œuvres de choc contraires à toute convention et à toute valeur fausse, avec leurs manières désinvoltes et irrespectueuses des règles et des dogmes, armés seulement de la plus grande exigence de soumission à la nature des choses, des plus grandes aux plus petites, ils arrivaient à transformer et à secouer la conscience endormie de leurs contemporains. Peu à peu, ils gagnaient leur sympathie et se muaient en ce symbole indestructible de vérité et de liberté, encore vivant aujourd'hui.

C'est pour nous un devoir vital que de tourner le dos à bien des aspects du monde actuel, de les nier, de nous refuser à les accepter, sous quelque auréole prestigieuse ou sacrée qu'on nous les présente. Notre destin est en jeu : faire survivre l'ignorance et les mythes trompeurs, donc l'oppression, ou bien chercher la connaissance et le bonheur. Cette alternative vaut que nous lui consacrions toute notre vie ; elle vaut l'aventure et le risque de passer pour un illuminé, ou même pour un fou — divine folie —, comme ce fut le cas de certains artistes chinois, de Mi le Fou, ou de Pa ta chan jen qui sa vie durant fit semblant d'être muet, ou d'un admirable artiste de notre siècle. De tous ces hommes nous avons hérité un exemple, et la jouissance d'une certaine liberté. Mais aujourd'hui la lutte doit continuer sous d'autres formes. Je suis certain que cette tradition est la seule que nous devions accepter les yeux fermés. Il ne faut pas cesser de lutter contre l'ignorance, et c'est cette lutte qu'a menée la sagesse de tous les temps.

V. UNE VISITE A PICASSO

Cette note, écrite en 1966, fait partie d'un des chapitres d'une autobiographie inédite de l'auteur. Elle figure ici en hommage à Picasso.

A Pablo Picasso.

Je tenais du docteur Jacint Raventós une lettre d'introduction, et un cadeau à remettre à Picasso. Muni de ce prétexte (une commission que je soupçonne le bon docteur d'avoir inventée à mon intention), je courus rendre visite à Picasso dans son vieil atelier de la rue des Grands-Augustins, quand je sus qu'il passait quelques jours à Paris. C'était un jour de ce glacial hiver 1951, et tout le monde était en train de le féliciter de son prix de la Paix.

Un homme robuste m'ouvrit ; je lui donnai la lettre, et au bout de quelques instants, il me fit entrer. Picasso, en vêtements d'intérieur, tricot et pantoufles de feutre à carreaux, était entouré de gens qui parlaient tous à la fois. Il y avait d'autres groupes dispersés dans la pièce, et tout cela était plein de bruit et de fumée. Partout les yeux rencontraient des cadeaux qu'on lui apportait alors : objets populaires, pots de terre cuite remplis de fleurs, branches de laurier ornées de drapeaux de la République espagnole. J'arrivais par hasard au bon moment, puisque moi aussi je lui apportais quelque chose de la part de son vieil ami de Barcelone. Il me fait un signe, je m'approche le cœur battant, nous nous saluons, et en catalan : « Alors, comment va Cintet[1] ? Venez, donnez-moi des nouvelles de Barcelone. » Il parlait un catalan assez correct, parsemé de phrases en français ou en castillan. Je lui remis le paquet que j'apportais ; c'était un livre de « Ninots[2] » de Xavier Nogués, qui l'amusa.

Quand il sut que j'étais peintre, il me de-

1. Diminutif de Jacint. (*N. d. T.*)
2. Petits personnages caricaturaux. (*N. d. T.*)

manda quel âge j'avais. « Vingt-sept ans ? Moi, j'avais dix-huit ans quand je suis venu à Paris. Et quelle sorte de peinture faites-vous ? Évidemment, ajouta-t-il tout de suite, aujourd'hui ce n'est pas commode d'expliquer comment on peint. Autrefois, on disait : je suis portraitiste, je fais des tableaux historiques, mais maintenant... Ce monsieur est Zervos (il me présenta), et il est en train de publier le catalogue de tout ce que j'ai fait au cours de ma vie. Regardez, il a trouvé une photo de moi en boxeur... » C'est à peine si j'entendais ce qu'il me disait, tant j'étais étourdi. En plus, d'autres gens m'adressaient la parole en français, et je devais faire des efforts pour comprendre. « Tiens, Sabartés, voilà un jeune peintre de Barcelone », dit-il en me présentant à son ami. « Vous aimeriez jeter un coup d'œil à mon atelier ? » Ce me parut être un honneur dont je n'étais pas digne, mais Picasso m'avait déjà pris par le bras et, ouvrant une porte, il me fit entrer dans une espèce d'immense grenier avec plusieurs compartiments, plein de toiles, de chevalets, de caisses, de piles de papier et de toutes sortes d'ustensiles. Il ferma la porte et nous restâmes seuls, Sabartés, lui et moi.

Comme si de rien n'était, il sortit une toile d'une pile de tableaux appuyée contre un mur. C'était un paysage de Cézanne. « Comment le trouvez-vous ? » Je trouvai le tableau très bon, mais ma réponse dut lui paraître peu enthousiaste, car il dit en s'adressant à Sabartés : « C'est drôle, nous à son âge, nous tombions à la renverse devant Cézanne. Maintenant, ça intéresse moins les jeunes. »

Des toiles de Matisse, de Braque, et d'autres, défilèrent sans que j'aie presque le temps de les voir. Finalement, il me dit : « Je vais vous montrer quelque chose de curieux, des toiles que j'ai faites quand j'étais très jeune, en Espagne. » Et il apporta une série de portraits dans des tons marron et noirs : des messieurs à moustaches et barbe, à la manière du XIXe siècle, mais possédés d'une étrange magie, d'une grâce et d'un enlevé qui faisaient déjà pressentir les dons de leur auteur.

A un moment donné, la conversation roula sur l'exposition, très discutée, du peintre communiste X, qui avait eu lieu peu de temps auparavant à la galerie Bernheim Jeune. Je me souviens que Picasso me demanda si je connaissais les œuvres antérieures de ce peintre, avant qu'il se mette à suivre les instructions des dirigeants de son parti. « Je dis cela parce que vous vous rendriez compte que les programmes et les consignes ne peuvent rien en faveur de la qualité d'un peintre. X était mauvais, et il le sera sans doute toujours. »

Je lui demandais s'il comptait se rendre en Espagne. « On me le demande par toutes sortes de voies, officielles ou privées, mais ma réponse est que pour l'instant, *mientras dure Franco*... je n'irai pas. »

Je sortis dans le froid de la rue, les joues rouges d'émotion d'avoir pu donner un *abrazo* à ce peintre légendaire, qui pour une raison ou une autre tient une place dans le cœur de chacun. J'ai pu, des années plus tard, constater son élévation d'esprit dans les cas où il fallait en faire preuve, et j'ai vu, de façon tangible qu'un grand artiste est toujours un grand homme.

VI. SOUVENIRS DE JEAN ARP

Ce texte a paru dans un Hommage à Jean Arp avec la participation de Jean Cassou, Max Hölzer, Kurt Schwitters, Tristan Tzara, Camille Bryen, Piero Dorazio, Marcel Janco, Magnelli, Michel Seuphor, Marino Marini, Zadkine et Giuseppe Ungaretti. (Éd. Im Erker, Saint Gallen, 1966.)

A Joan Prats et Josep-Lluís Sert.

Arp. 1934. La revue *D'ací i d'allà*. Luminosité méditerranéenne, drapeaux catalans, brèves années de république. Arp reste lié pour moi à un moment d'éclatante splendeur. Ce fut un éclair de lumière solaire : pendant quelques instants, l'homme put être la mesure de notre terre. Ce n'est pas un hasard. Devant Arp, les évêques chancellent, et les noirs décors qui les entourent s'écroulent par pans.

Les fouets claquent et des montagnes descendent les ombres bien coiffées des bergers les œufs noirs et les grelots des fous tombent des arbres.

Brèves années lumineuses de mon enfance où l'on pouvait lire ces poèmes de Arp, traduits chez nous en même temps que partout ailleurs. Vous fûtes vite un souvenir confus, plus tard une étrange lumière, puis un symbole. Et finalement une réalité qui se fait palpable. Ce n'est pas un hasard. Car au-dessus de tout, il y a le fait vivant, essentiel, pur, nouveau, de chaque jour. Celui qui n'ose pas uriner sur les autels les mieux amidonnés n'est rien. Et celui qui ne sait pas ôter le masque qui cache presque toutes les faces n'est rien non plus. Arp, c'est ce qui reste après qu'on a arraché toutes les peaux, déchiré tous les papiers. Il fait partie de l'équipe de ceux qui nous ont appris à faire des grimaces aux maréchaux — « les grosses caisses et les tambours jaillissent des oreilles des ânes » —, tout en nous montrant la netteté du chemin précis, de la courbe amoureuse, de l'ironie exacte, de l'espace le plus juste, dans les chambres où il n'y a pas de place pour la vie lamentable des lamentables bourgeois, « puisque les tombes sont plus claires que les yeux ». Bien sûr que rien ne se produit par hasard! Ce moment-là rendit plus claires beaucoup de choses, pour la plus grande honte de ceux qui ont eu pendant tant d'années, et ont encore les yeux pleins de chassie, et pour notre bonheur à nous, qui en avons gardé le souvenir. Le coup de fouet Dada résonne pour engloutir les momies les plus pourries, et rendre le ciel plus bleu que jamais. Car

les doigts nous portent à travers les champs
de l'air vers les nids des yeux
là où se fondent les noms...

Arp nous renvoie la beauté du premier jour.

VII. LE JEU DE SAVOIR REGARDER

Ce texte fut écrit à la demande de *Cavall Fort*, revue pour enfants, publiée à Barcelone en catalan. Il a paru dans le numéro 82 de la revue, en janvier 1967.

A mes jeunes amis de Cavall Fort.

Comment faire pour bien regarder, sans vouloir trouver dans les choses ce qu'on nous dit qu'il doit y avoir, mais simplement ce qu'il y a ?

Voilà un jeu innocent auquel je vous propose de jouer.

Quand nous regardons, nous ne voyons d'habitude que ce qui se trouve autour de nous : trois ou quatre choses, souvent sans grand intérêt, à peine aperçues au milieu de l'infini.

Regardez l'objet le plus simple, regardez par exemple une vieille chaise. Elle ne paraît pas être grand-chose. Mais pensez à tout l'univers qu'il y a en elle : les mains et la sueur de celui qui a taillé ce bois qui un jour fut un arbre robuste, plein d'énergie, au milieu d'une forêt touffue dans de hautes montagnes, le travail amoureux de celui qui l'a construite, le plaisir de celui qui l'a achetée, les fatigues qu'elle a soulagées, les douleurs et les joies qu'elle a sans doute supportées, dans un grand salon, ou peut-être dans une pauvre salle à manger de banlieue... Tout, absolument tout, représente la vie et a son importance. Même la plus vieille chaise porte en elle la force initiale de la sève qui, là-bas dans la forêt, montait de la terre, et qui servira encore à donner de la chaleur le jour où, devenue petit bois, elle brûlera dans une cheminée.

Regardez ; regardez à fond. Et laissez-vous porter par tout ce que fait résonner en vous ce qui s'offre à votre regard ; soyez comme celui qui va à un concert, avec un costume neuf et le cœur ouvert, se promettant la joie d'écouter, d'entendre simplement, avec toute sa pureté, sans vouloir à toute force que les sons produits par le piano ou par l'orchestre représentent nécessairement un certain paysage, le portrait d'un général, ou une scène de l'histoire. Souvent, on voudrait que la peinture ne soit que cette représentation.

Apprenons à regarder comme écoute celui qui va à un concert. La musique est une composition de formes sonores, dans le temps. La peinture est une composition de formes visuelles, dans l'espace.

C'est un jeu. Mais jouer ne veut pas dire faire les choses « comme ça », pour rien. Et les artistes, pas plus que les enfants dans leurs jeux, ne font les choses « comme ça ». En jouant... en jouant, quand nous sommes petits, nous apprenons à devenir grands. En jouant... en jouant, nous disons des choses et nous en écoutons d'autres, nous réveillons celui qui s'est endormi, nous aidons à voir celui qui ne sait pas voir, ou à qui on a bandé les yeux.

Lorsque vous regardez, ne pensez jamais à ce que la peinture (ou n'importe quoi de ce monde) « doit être », ou à ce que beaucoup de gens voudraient qu'elle soit seulement. La peinture peut tout être. Elle peut être un éclair de soleil en pleine bourrasque. Elle peut être un nuage d'orage. Elle peut être le pas d'un homme sur le chemin de la vie, ou, pourquoi pas ? un pied qui frappe le sol pour dire « assez ». Elle peut être l'air doux et rempli d'espérance du petit matin, ou l'aigre relent qui sort d'une prison. Les taches du sang d'une blessure, ou le chant de tout un peuple dans le ciel bleu ou jaune. Elle peut être ce que nous sommes, ce qui est aujourd'hui, maintenant, ce qui sera toujours.

Je vous invite à jouer, à regarder attentivement... je vous invite à penser.

VIII. ART ET FONCTIONNAIRES

Ce texte a été publié à Barcelone le 2 novembre 1968 dans la section « Tribune libre » de *Destino.*

De larges extraits en ont paru dans le numéro 63 de *La Quinzaine littéraire* (décembre 1968) sous le titre « Sommes-nous tous des monstres ? »

Il a également été publié dans la revue anglaise *Studio International,* en mars 1970.

Le fait qu'un journal madrilène publie un long reportage sur notre art d'avant-garde, offrant même au grand public quelques images en couleur, est un événement intéressant et significatif. Peut-être faut-il y voir de la part de la rédaction la louable intention de contribuer à « dégeler » les relations de l'art moderne et de la société! En tout cas, l'auteur du reportage[1] paraît profondément affecté par le divorce dans lequel ils vivent.

On parle beaucoup, dans notre pays, de ce thème de l'art et de la société, avec tout ce qui s'ensuit : discussions sur l'indépendance de l'artiste, sur l'art engagé, le dirigisme artistique, l'art étatique, etc. Il vaut donc la peine, ne serait-ce qu'en passant, d'intervenir dans le débat, de l'intérieur même de l'art. C'est un sujet qui a suscité de brillantes polémiques, des études approfondies (je pense en particulier à l'ouvrage d'Alexandre Cirici Pellicer, *Art et société*), mais malheureusement aussi beaucoup de confusions. Ce reportage d'*A. B. C.* notamment, malgré les protestations de son auteur, qui affiche un désir de conciliation, met en jeu des concepts qui me paraissent propres à aggraver ce divorce et non à le résoudre. Voilà qui mérite quelques commentaires, et nous aurions tort de négliger l'occasion qui nous est offerte.

1. « L'art espagnol d'avant-garde », par Luis González Robles, « Commissaire des biennales et des expositions internationales au ministère des Affaires étrangères » (*Los domingos de A. B. C.;* Madrid, 6 octobre 1968).

J'ai le sentiment d'être venu au monde baigné déjà par la rumeur — arrivée du ciel de Castille et d'ailleurs — de la « déshumanisation de l'art », de l' « impopularité de la nouveauté » ; le prestige d'Ortega y Gasset était employé à l'appui de toutes les tentatives de dévaluation de l'art d'avant-garde européen. Folle fantaisie de minorités sans racine dans la masse, dans le peuple ?

Puis les choses prirent un tour plus grave : et ce qui avait été prêché ici au temps d'une dictature — celle de Primo de Rivera — s'est trouvé par un de ces fatalismes de l'histoire, confirmé et aggravé sous forme de l'accusation d' « art dégénéré », du côté d'autres totalitarismes, toujours plus raffinés et plus sanglants, qui s'appelèrent Hitler, Mussolini ou Staline. Il ne s'agissait plus alors de petites querelles sur la validité sociale d'une nouvelle forme d'art : ce fut l'ordre de sa totale extermination.

Ici, cependant, le temps n'est pas loin où mentionner les noms de Picasso et de Miró, c'était conspirer. Et les critiques entendent encore parfois murmurer à leurs oreilles : « Attention, ne parlez pas trop des abstraits », quand paradoxalement — ou sans paradoxe

— ceux-ci étaient encouragés à l'exportation.

Ensuite, on a dit dans notre pays que tout avait changé, que les peuples étaient installés dans leur économie de consommation, que les États, forts de leurs nouveaux catéchismes, veillaient à notre confort, nous dirigeaient vers ce que nous devons désirer, penser et, bien sûr, voir et comprendre dans les œuvres d'art. Quant à la nouveauté, rapidement on la digère, on la maquille, on la range au musée ; et si les circonstances le réclament, on trouve toujours un écrivain de service pour l'enregistrer dans les greniers de l'Histoire, où elle sera inoffensive. Ou bien encore, on prend sur un même cliché une œuvre nouvelle et une pitrerie de Dali pour que le bon peuple se persuade que l'art nouveau n'est que pantalonnade. Sans doute montre-t-on ces œuvres dans les compétitions internationales, ça oui, parce que le monde est plein d'ânes à qui l'on donne le son qu'ils réclament. Mais on pense qu'en vérité tout cela n'est pas sérieux. Et on vous sert en vrac « les manœuvres des galeries, qui ont trouvé une affaire en or dans l'exploitation systématique des collectionneurs et des snobs, les jeux des clans, les grands prêtres, les vaches sacrées qui tirent toutes les ficelles ».

Puis, un beau jour, voici que dans les colonnes d'*A. B. C.* on proclame la grande découverte : « Le peuple, la société..., n'ont rien à faire des élucubrations des artistes dans leurs ateliers. » L'artiste d'avant-garde, saisi d'angoisse, médite, repasse ses souvenirs et conclut : que pouvait-il arriver d'autre et pourquoi se plaint-on maintenant du divorce alors que l'on avait si bien dirigé les vents ? Mais dans les hautes chancelleries de l'esthétique — lumière que tamisent des rideaux grenat, bureaux poussiéreux de procureurs de Kafka — on ne se satisfait pas facilement et surtout il faut tirer son épingle du jeu. La faute est aux artistes. « Ils n'ont pas compris la société, ils se sont enfermés dans leur tour d'ivoire. Et j'appelle artistes ceux qui font de l'art, quel qu'il soit, et ceux qui d'une façon ou d'une autre vivent par et pour l'art. » Et encore : « Il se passe à peu près la même chose avec ces autres artistes que sont les critiques, les organisateurs et les auteurs de traités, qui ne font pas directement de l'art. Leur confusion de langage, leur façon d'employer des codes ou des sous-entendus, à l'usage d'initiés, d'affidés, le démontre clairement. Sans parler des obscurs abîmes des intérêts commerciaux, dont l'existence est hélas réelle. »

Les méandres de ce labyrinthe — de cet égout — sont d'autant plus drôles qu'on les éclaircit peu. Voici maintenant la légende noire, les manœuvres d'hommes aigris ou ratés, qui n'ont rien à voir avec la dignité de l'art. « Pendant cette dernière période la société a atteint un parfait degré de conscience [...] mais l'art, lui, continue d'être individualiste à cent pour cent. Un exemple suffira : un dessin de Picasso, tout simple, vaut 700 000 pesetas, et ce dont la société a besoin, ce qu'elle veut, c'est 700 000 Picasso à une peseta. » On imagine l'artiste en train de combiner les lois économiques auxquelles sont sujettes ses cotations!

Nous, Catalans — que ce soit le fait de notre bon sens ou celui de notre folie à la Gaudí — nous avions appris à voir sous un autre jour ces artistes devenus tout d'un coup asociaux et cupides. Et s'il se trouve des gens, même ici, pour se flatter des purs délices de l'esthétique, il en est d'autres qui ne peuvent oublier que *Guernica* fut une élégie pour un peuple souffrant et que, mystérieusement, elle reste pour l'humanité entière un symbole durable. Nous ne pouvons pas oublier non plus — si vivantes et si proches — les cinquante *Meninas* que Picasso vient d'offrir au peuple de Barcelone ; ni tous les dons qu'il a faits (à Cuba, à la Yougoslavie ou à la Pologne) de façon désintéressée, pour contribuer à la lutte des peuples contre le mensonge, la guerre, la pourriture, l'oppression, et pour la justice, la paix, la pureté et la liberté.

Miró aussi a mis son génie créateur au service du peuple espagnol au moment où la République se trouvait menacée. Nous n'oublions pas qu'il est prêt à remplir généreusement un musée dans notre ville, qu'il est solidaire des travailleurs qui tentent de manifester le jour du 1er Mai, qu'il a donné des centaines d'œuvres au profit de mouvements culturels, humanitaires, etc. Et nous ne pouvons pas oublier non plus tout ce qu'ont fait des artistes plus jeunes... et tout ce qu'ils n'ont pu faire et qu'ils auraient voulu faire.

Mais l'oracle continue : « Il existe un divorce tous les jours plus profond entre la société et l'art » et « je ne crois pas que la responsabilité en incombe à la société, car les artistes ne sont pas des victimes incomprises ».

« Faites silence, et voyez comme le présent devient le passé. »

Serais-je la proie du « sommeil de la raison » ? Parlerait-on, dans les écoles, sans que nous le sachions, de l'art nouveau, des nouvelles formes de la poésie et du théâtre ? Est-ce que les journaux leur donneraient plus de papier qu'aux amours des princesses ? Combien la télévision leur consacre-t-elle de minutes, comparé au temps qui est donné à ce qu'on appelle la « fête nationale[1] » ou à tous ces lavages de cerveau que constituent ses programmes ?

Où se trouve vraiment la cause du divorce ? Et désire-t-on vraiment le réduire ?

Peut-être prétendent-ils y arriver en expédiant aux quatre coins du monde des artistes rangés en troupeaux ? En organisant des expositions médiocres, sans critère de sélection ni de présentation, et dans lesquelles le message des artistes, — ce qui les lie à leur peuple — est tenu pour la dernière

1. C'est-à-dire les courses de taureaux. (*N. d. T.*)

des choses, masqué, défiguré, noyé sous un flot d'intérêts d'un autre ordre ? Ne serait-il pas plus honnête de reconnaître que ce n'est pas grâce à cette formule, mais malgré elle, et grâce à des initiatives privées ou à des aides venues de l'étranger, que certains de nos artistes ont pu avoir une audience, mais, hélas, presque toujours hors de notre pays ?

L'oracle insiste : « L'artiste n'a pas su comprendre la société. »

Oh, noirceur des rêves ! Ne sommes-nous tous que des monstres ? N'y a-t-il aucun artiste digne de ce nom qui ait jamais été sérieusement habité par les problèmes de la société de son temps, par ses luttes, ses idéaux, ses espoirs, ou qui ne veuille s'unir avec toutes les forces progressistes pour parvenir à sa transformation et à son amélioration ? L'art n'est-il pas la seule possibilité qui reste à l'homme d'appeler les choses par leur nom ?

Et voici le moment des prophéties : « On peut noter certains signes sur un chemin sûr », le chemin des artistes qui « se sont attaqués avec un courage et une formation supérieurs à ceux de leurs prédécesseurs aux problèmes de la société d'aujourd'hui ».

C'est là la solution? Un art-purgation? Sur ce point il faut reconnaître que les nobles gardiens de l'ordre esthétique se montrent conséquents. La société a si bien évolué que l'on peut mettre au jour sans péril les recoins les plus obscurs et les plus torturés du subconscient érotique. Si ce n'était qu'ils sont seulement à la remorque des avant-dernières expositions de l'étranger, on pourrait dire que nos gardiens jaloux connaissent même Freud ou Marcuse, et tout ce qu'apportent les ingénieuses opérations de désublimation massive pour domestiquer nos impulsions vitales, agressives, révolutionnaires, et les renvoyer à la bergerie.

Mais voici proposée une autre solution : la multiplication indéfinie des objets pour rendre l'art populaire. Quelle bonne idée pour favoriser le commerce! L'œuvre d'art entrera dans le monde des gadgets, de la frivolité standardisée : tous les foyers décorés, polis, chargés des mêmes objets inutiles. Ne vaudrait-il pas mieux distribuer à chacun et une fois pour toutes la camisole de force qui nous laissera la seule liberté de marcher au pas?

Si c'est à cette société-là que l'on fait allusion lorsque l'on parle de l'éloignement de l'artiste à l'égard de la société, il est certain qu'il ne l'a pas comprise et qu'il ne la comprendra jamais.

Heureusement l'artiste, soucieux d'engagement, a porté son regard dans un autre monde, sur d'autres formes plus pures qui ne sont ni contaminées, ni endoctrinées ; sur une société où son œuvre ne servira pas de décor à la mode, de purge des mauvaises pensées, d'instrument de propagande, de récolte de lauriers pour l'État, mais pourra contribuer véritablement à un développement harmonieux, en union avec tous ceux qui, dans toutes les disciplines, luttent pour la libération et le perfectionnement de l'homme.

J'ai acquis la ferme conviction qu'à toutes les époques — à de rares exceptions près — l'artiste véritable, le poète, le grand penseur, doit fuir au plus loin le monde des fonctionnaires — dans la Chine des Ming, à la cour de Philippe II ou dans la Tchécoslovaquie d'aujourd'hui — pour montrer à tous qu'il existe un lieu où les jeux et les intrigues des hautes chancelleries de l'art disparaissent devant la blancheur immaculée qui lui sert d'inspiration. Que le journaliste madrilène s'en persuade, c'est un terrain immense, plein de vie, et où les amis, loin de disparaître, se font chaque jour plus nombreux.

IX. L'INNOCENCE DE MIRÓ

Ce texte a été écrit en 1969, à la demande de Marià Manent, pour servir de préface à un livre d'Yves Bonnefoy sur Joan Miró (Ed. Juventud, Barcelone).

A Joan Miró.

Pour beaucoup de mes compatriotes, jeunes gens de la première moitié des années quarante, dont on croyait qu'ils pourraient rester à tout jamais bien endoctrinés, bien peignés et cravatés, l'œuvre de Joan Miró fut, comme celle de Picasso, un révélateur clandestin mais décisif. Elle les conduisit à une prise de conscience qui, loin de se limiter à des problèmes d'esthétique, touchait, par la force du créateur, tous les aspects de la vie.

Et l'ébranlement fut particulièrement déterminant pour ceux qui comme moi étaient assez âgés pour se souvenir, donc pour comparer, et qui ouvrirent alors les yeux face à tous les efforts que l'on accomplissait pour violenter l'homme et l'histoire.

Ces deux grands maîtres devinrent rapidement, dans la pénombre de notre après-guerre et de la guerre mondiale, l'anneau qui le plus sûrement nous permettait de renouer avec tout un passé, dont partout en Europe la lumière semblait disparaître.

Comment avons-nous eu accès à la vérité toujours révolutionnaire de la peinture de Joan Miró ? Pour le comprendre, il est nécessaire de considérer quelle était notre situation. On le sait, il semblait parfois que tout était résolu et réglé selon un ordre précis, celui des formes politiques et économiques à la mode. Jeunes gens bien élevés et « de bonne famille », nous sortions, sérieux et élégants, d'écoles religieuses où l'on avait voulu préparer notre cerveau à accepter toutes sortes de panacées miraculeuses. On nous disait que la société, perdue par ceux qui avaient pactisé avec le diable, allait être, « par la grâce de Dieu », dotée d'institutions qui sauvegarderaient notre bien-être. Ou bien on nous parlait de la nécessité d'un retour à d'anciens canons. Et certains ne cachaient pas que ce dont il s'agissait, c'était de défendre les privilèges de l'argent, et que nous n'avions pas à rougir de ce que l'administration du patrimoine était aux mains des classes « élevées » et « cultivées », du moment que la plèbe et ses meneurs avaient donné la preuve de leur incapacité. L'univers tout entier semblait destiné à être gouverné jusqu'à la fin des temps par des lois qui, conçues par le Père éternel, embrasseraient la « totalité » et descendraient tout droit du ciel jusque dans les recoins les plus secrets des plus humbles consciences.

Tout donnait l'impression d'avoir été prévu, depuis la façon dont l'homme devait travailler, tomber amoureux et avoir des enfants, et les conditions dans lesquelles il devait le faire, jusqu'à la manière dont il devait s'habiller et s'amuser « honnêtement » les jours de fête. Comment on devait enseigner et apprendre à l'école et à l'Université, mais aussi (je ne sais pas s'il est besoin de le préciser) comment il fallait concevoir la peinture, la littérature ou la musique.

Il est de bon ton de prétendre que l'art d'avant-garde est un luxe inutile à l'usage de la bourgeoisie, une façon d'échapper à la réalité. Mais pour ma part, et je ne suis pas le seul dans ce cas, je peux attester que c'est dans une très large mesure grâce à l'œuvre de Picasso et de Miró que j'ai pu, encore jeune, me libérer du poids qui m'écrasait, que c'est grâce à ces artistes que j'ai appris très vite à respirer à nouveau l'air pur des hautes montagnes libres qui recommençait à circuler sur les terres des hommes.

Face à un univers créé et contrôlé par des dieux, Miró nous offrait le flux continu, changeant et infini de la nature. Face à des lois immuables, les rythmes et le va-et-vient spontané des vagues du monde vivant. Face à l'obscurité de réduits confinés et peuplés de tabous, la claire semence dans l'espace ouvert. Face à la monstrueuse superbe des puissants, il montrait que nous sommes tous égaux, car faits du même flamboiement des astres. Aux misérables, il fit voir qu'ils portaient en eux toute la richesse de l'univers. Il nous disait qu'il faudrait que l'amour imprègne toutes choses pour qu'elles croissent et prospèrent. Que ce qu'on nous avait forcés à considérer comme péché, perversion ou faiblesse de la chair était souvent aussi beau, aussi grand et puissant que les forces qui font graviter les constellations. Que nous devions recommencer à chercher la pureté et l'innocence du premier jour. Que nous devions retrouver les sources claires, si nous ne voulions pas nous perdre dans des sociétés prétentieuses, gonflées d'artifices et de mensonges. Que sous l'axe du soleil méditerranéen, la raison la plus sûre, trop sûre, devait être équilibrée par une saine et irrationnelle exaltation païenne.

Ses couleurs nous appelaient furieusement et nous rappelaient, pressantes, que malgré la vénération dont jouissaient les lèpres, il pouvait exister des formes de vie d'une autre noblesse, d'une autre santé, plus ensoleillées, véritablement neuves et au service d'un homme nouveau.

Chez nous on parle peu, ou pas du tout, du contenu de l'art, et l'œuvre de Miró n'a pour ainsi dire pas échappé à cette « conspiration ». Ce qu'il a dit et prêché n'a pas toujours été perçu, car il s'est vite trouvé des gens pour tenter de masquer systématiquement son œuvre en l'enveloppant du rideau de fumée qui sert à isoler l'art nouveau du peuple. Les lieux communs qu'on répète au sujet de Miró : ce qu'il a de joli, d'innocent, d'enfantin, d'esthétiquement gracieux et que beaucoup croient inoffensif, la magie purement formelle qu'on lui attribue, magie tranquille, dont on se garde bien de recueillir pour l'homme les véritables fruits, tout cela sert bien souvent à fausser ou à limiter la réalité de son œuvre, de ses intentions et de ses propositions toujours empreintes de la plus grande beauté ; cela sert aussi à dénaturer son message de sagesse, fait d'idées essentielles, anciennes et toujours nouvelles, d'éternel progrès, de combat violent et vengeur contre tout ce qui entrave notre liberté et notre développement harmonieux.

Miró a toujours dit que ce qui compte dans son œuvre, c'est le germe qu'elle dépose, et que l'art peut mourir, les tableaux disparaître. Leur valeur, dit-il, réside dans les idées et dans les sentiments auxquels ils assurent leur médiation, et qui façonnent notre conduite future. Et Miró, au beau milieu des stupides et cruels adorateurs des valeurs frelatées, continue aujourd'hui comme hier à nous montrer comment donner chez nous un magistral coup de balai.

Le poète Joan Brossa se fit le porte-parole de ces jeunes gens de l'après-guerre auxquels Miró donna tant ; afin que nous puissions transmettre sa leçon aux générations actuelles, et celles-ci aux générations futures, il dit alors : « Éloignés enfin des recoins! Si on referme ce rideau, l'art ne recevra plus de lumière et la nuit se fera sur les hauteurs, parmi les rochers...
Cordial est son coup de hache dans la jungle grouillante...
MAINTENANT nous sentons le triomphe de Miró, bien éveillé dans la plus haute réalité... nous constatons, défini et ineffaçable, l'élargissement auquel il soumet les chemins antiques. »

Il y a encore des gens pour croire que c'est l'homme puissant, plein de titres et de médailles, l'académicien ou le mandarin orgueilleux, qui écrit l'histoire. Miró a joué un tour aux sages et bonnes consciences « officielles » ; personne mieux que lui n'a démontré l'échec et l'inutilité de toutes les fausses hiérarchies, dont les représentants passent leur temps à s'entredécorer, se mettant ensuite en toute hâte à courir sur les pas de ceux qui ouvrent véritablement la route. Il y a d'un côté les lois et les noms prestigieux qui font les titres des journaux, et de l'autre, la force de la vie que l'on peut croire dominée mais qui finit toujours par vaincre.

X. DEUX ACADÉMISMES : ART SOCIALISANT ET ART INTÉGRÉ

Texte publié le 31 mai 1969 dans une « Tribune libre » de l'hebdomadaire barcelonais *Destino.*

Durant les dernières décennies se sont développées dans notre pays des contradictions absurdes à propos de l'encouragement de la vocation artistique, et à propos de la créativité en général. Dans ce domaine, comme en tant d'autres, la confusion a été la règle.

Une chose est certaine, c'est que nous avons pris l'habitude, pour tous ces problèmes, de faire une croix sur la politique et sur les tendances artistiques officielles ainsi que sur l'enseignement dispensé par les prétendues Écoles des beaux-arts. C'est un monde tellement irréel et faux que, n'était le mal qu'il cause parfois, on préférerait presque oublier qu'il existe.

Des écoles privées se sont ouvertes dont l'orientation semble plus moderne, davantage liée à la vie réelle. Il y a quelque temps, une jeune fille est venue me voir : elle voulait devenir peintre, et elle s'était inscrite dans une de ces écoles, l'une des plus renommées de Barcelone. Perplexe, elle me raconta qu'on persuadait les élèves qu'un artiste n'avait d'issues vraiment neuves et socialement utiles que dans l'architecture d'intérieur (autrefois décoration), le design (meubles, objets, dessin publicitaire), la photographie et le cinéma...

Cependant, il existe aussi des initiatives privées intéressantes et qui contribuent à éclaircir bien des choses. L'exposition « Miró otro », organisée au siège du Collège des architectes de Catalogne et des Baléares [1] par un groupe de jeunes architectes, avec la collaboration de Miró lui-même, fut un superbe exemple.

1. On donne en Espagne le nom de « collège » à des associations professionnelles, ici l'Ordre des architectes. (*N. d. T.*)

Si pour y voir clair on s'en remettait aux informations de la presse quotidienne, je doute, si confuse est l'image qu'elle donne du monde artistique, qu'on arrive à avoir la moindre idée du siècle où nous vivons. Et bien évidemment, nulle possibilité de soupçonner que l'art peut avoir quelque rapport avec la vie. Il y a des exceptions honorables, dans les pages spécialisées de nos revues ; mais il s'agit d'une telle minorité, et la place leur est si mesurée, que leur efficacité est forcément des plus minces.

Ensuite, il y a l'enseignement théorique dispensé par quelques intellectuels politisés, considérés comme plus ou moins progressistes ; ce sont eux qui exercent sans doute le plus d'attrait sur la jeunesse actuelle, et cela oblige, me semble-t-il, à quelques commentaires.

Je dois tout d'abord parler de gens dont les positions, en totale contradiction avec leurs professions de foi, ont souvent coïncidé avec celles des conservateurs les plus timorés. Il s'agit des polémistes et des artistes qui depuis longtemps déjà ne cessent de répéter qu'on est sur le point d'opérer un retour au réalisme. Parmi eux, on trouve les partisans d'un prétendu réalisme critique, ou d'un expressionnisme critique, ou d'un réalisme social, ou simplement d'un « robuste réalisme ».

Certains d'entre eux, s'efforçaient naguère de complaire à des hommes politiques qui indiquaient la ligne à suivre — c'était l'époque du stalinisme — et en certaines occasions, ils en arrivèrent même à refuser le pain et le sel à Picasso : ils tentaient de plaider en faveur du chromo à la portée du peuple; et on parlait de retour à David et à Delacroix. Plus tard, ils dirent que ces positions radicales étaient dépassées, et fort opportunément on commença à traduire ici les découvertes de Garaudy, de Fischer, et d'autres écrivains de service : c'était le réalisme avec ou sans rivages, et telles autres consignes pour la reproduction de la réalité, qui hélas trouvèrent appui auprès d'Aragon lui-même, laissant à bien des naïfs le soin de se débrouiller et de chercher des formes qui fussent à peu près acceptables. Ce drame véritable fut vécu partout dans le monde par les artistes trop enclins à obéir aux politiciens. On peut trouver d'amples informations sur cette crise dans le livre que David

Caute a consacré aux intellectuels français [1].

Ces changements firent apparaître des symptômes intéressants. Tous ces réalistes « mis au goût du jour », généralement très fermes dans leurs positions sur la nécessité de détruire cette société et d'en construire une autre, sont, paradoxalement, ceux qui ont montré le moins de sûreté et d'audace à propos de la forme artistique qu'ils devaient propager ou adopter. Pas une de leurs déclarations, pas un de leurs écrits où l'on ne découvre leurs inquiétudes sur le point de savoir s'il faut s'efforcer de parler le langage d'aujourd'hui, ou s'il est préférable de se servir de formes accessibles au peuple, mais sans faire de concessions, ou s'il faut rechercher entre fond et forme un équilibre qui s'accorde avec l'époque contemporaine, ou si un même contenu peut revêtir diverses formes, ou s'il faut conserver le contenu humain, mais sans que cela empêche de se mettre au goût du jour, ou s'il faut faire des chromos comme les Soviétiques, etc.

Pourquoi ce malaise? Quelle différence avec l'attitude des grands créateurs, qui

1. *Le Communisme et les intellectuels français*, Ed. Gallimard, 1967.

pourraient prendre à leur compte le mot de Picasso : « Je ne cherche pas, je trouve », parfaite affirmation que pour l'artiste de génie, la forme est spontanée, nécessaire, personnelle, qu'elle est la conséquence naturelle, à un moment donné, de la pensée et des émotions qu'il veut communiquer.

Le malaise de ces hommes, qui pourtant font parfois preuve d'une grande sûreté idéologique et en toute bonne foi reçoivent l'encouragement de politiciens et de sociologues, dénote un profond sentiment d'infériorité ; c'est une réaction due au fait que, consciemment ou inconsciemment, ils reconnaissent l'existence d'une autre sorte d'art, véritablement nouveau, et auquel ils doivent souvent, c'est là leur malheur, emprunter leurs idées s'ils ne veulent pas paraître dépassés. Ce sont des gens pleins de bonnes intentions et de formules apprises sur les véritables maux du capitalisme, sur ce qu'ils appellent, avec raison, l'ignoble bourgeoisie, et sur ce que pourrait être le monde si les travailleurs et toutes les forces progressistes prenaient la place qui leur revient. Mais ils entrent en contradiction avec eux-mêmes : quand ils se mettent au travail, ils sont, en effet, amenés de plus en plus, pour être considérés comme des artistes actuels, à utiliser des procédés pris à d'autres artistes, ceux-là mêmes qu'ils avaient parfois jugés comme des formalistes servant la société bourgeoise, des décadents, ou des aliénés par le culte stérile de l'art pour l'art. C'est ainsi que ceux qui s'appellent eux-mêmes artistes réalistes ou à dessein social peuvent aussi bien produire des œuvres de facture picassienne aujourd'hui, expressionniste demain, surréaliste après-demain, abstraite ou non figurative un autre jour, teintées d' « *art nouveau* [1] », c'est dire qu'ils sont constamment à la queue des véritables styles, créés par d'autres.

Évidemment, on a discuté avec passion pour savoir si les chantres du retour au réalisme ont eu un grand rayonnement intellectuel, s'ils ont beaucoup contribué à l'élargissement de l'esprit de notre époque, ou si du moins ils ont ouvert de nouvelles voies à la sensibilité artistique actuelle. Il y a aussi des gens qui contestent que les « réalistes », avec les moyens qu'ils emploient, puissent provoquer des révolutions. Et bien entendu, il y a

1. En français dans le texte. (*N. d. T.*)

aussi des gens qui se demandent si aujourd'hui, la photographie — seule ou combinée avec d'autres techniques — et le cinéma ne sont pas plus aptes que la peinture à développer une expression critique de la société, sous forme de document vivant et immédiat. En effet, il semble qu'avec ces moyens on puisse présenter l'actualité de façon beaucoup plus dramatique et convaincante que ne pouvaient le faire autrefois les seuls peintres, lithographes et graveurs. Aussi géniaux que soient, par exemple, *Les Désastres de la guerre* de Goya, il faut reconnaître qu'aucune peinture ou gravure contemporaine n'a le pouvoir de provoquer une angoisse aussi terrible, de susciter une prise de conscience aussi exacte que le film de Resnais *Nuit et brouillard*, ou que les innombrables documents photographiques dont nous disposons. De plus, cinéma, photographie et imprimerie n'ont-ils pas, du fait de leurs possibilités de grande diffusion, une efficacité bien supérieure à celle de la peinture ? Fît-on des douzaines de tableaux, qui, en plus, ne sortiront pas — c'est ce que disent les « réalistes » — de chez les bourgeois qu'ils accusent, ce sera encore trop peu.

Le temps a permis de déceler les principales

raisons qui ont rendu ces artistes vulnérables, et injustes. Tout d'abord, ils se sont attachés exclusivement à la figuration et ont oublié la force expressive propre que peuvent avoir la couleur, la texture, les formes et les signes en liberté. Ensuite, il y a une obsession démesurée, fanatique et très XVIIIe siècle de tout ce qui est parfaitement rationnel, fonctionnel ou discursif : d'après eux, l'acte de création ne devrait dépendre que de ces éléments [1]. Le troisième point, dérivant des deux précédents, est leur hostilité envers les artistes qui non seulement ne sont pas restés au stade purement figuratif, mais se sont aussi rendu compte qu'autant qu'à la raison ils devaient s'ouvrir aux pulsions les moins « rationnelles » et les moins contrôlées, celles-là mêmes que depuis Freud la psychologie moderne étudie, et qui déterminent tous les mouvements d'avant-garde.

La critique est toujours bonne, d'où qu'elle vienne. Mais il est clair que les condamnations

1. Pensons à *Tres ensayos polémicos en torno a la pintura de Todó* (Éd. Horta, Barcelone, 1961), de J. M. Castellet, Oriol Bohigas et Cesáreo Rodriguez Aguilera. Ainsi qu'à *El realismo entre el desarrollo y el subdesrraollo*, de Valeriano Bozal (Madrid, 1966).

catégoriques de l'art d'avant-garde maintes fois prononcées en des termes démagogiques par ceux qui s'appellent eux-mêmes « réalistes socialistes » ont été propres à semer le trouble dans le public et relevaient plus de réactions de groupe (désirs, rancœurs personnelles, parti pris) que d'une analyse historique et objective. Le retour au réalisme qu'ils avaient annoncé ne s'est pas produit, et s'il est apparu une nouvelle tendance artistique nettement figurative, celle-ci n'a rien de commun avec ce que préconisaient les réalistes : bien au contraire, il s'agit d'une conséquence de cet art d'avant-garde qu'ils avaient tenté de ridiculiser.

Si l'on n'a pas les idées confuses, on ne peut que reconnaître tout ce qu'ont apporté au progrès de la connaissance et à l'enrichissement de la nature les nouveaux systèmes de lecture et les éclairages sur la psyché dus aux grands mouvements d'avant-garde. Ils continuent à se manifester dans les expériences renouvelées des survivants du Dadaïsme, du Surréalisme, de l'art dit abstrait, ou, plus vaguement, non figuratif ; ils se manifestent aussi dans bien d'autres mouvements (pop' art, psychédélisme, art pauvre, minimalart, etc.), qui descendent de ceux-ci ou de cultures plus anciennes, révélées par l'anthropologie moderne, l'histoire des religions et la nouvelle psychologie : tout cela, sainement remis à jour, est en train de façonner la physionomie de notre siècle et d'ouvrir les portes de l'avenir. Et jusqu'à preuve du contraire, c'est là un phénomène plein de force et de santé.

Attaquer ces réalités en les disant d'un autre âge, brandir lieux communs et accusations gratuites, comme celles de fuir lâchement les problèmes actuels et d'ignorer le prolétariat, de s'évader dans les sphères de la métaphysique et de la théosophie, de se plier au goût du capital, pour ne proposer soi-même d'autre modèle qu'un retour à un naturalisme plus ou moins anachronique, habillé parfois de voyants oripeaux cubistes ou expressionnistes, de petites fleurs modernistes, ou d'éléments d'autres styles plus récents, c'est faire preuve d'une indigence ou d'une mauvaise foi impardonnables. Et il est encore plus malhonnête, de la part des réalistes, de vouloir masquer leurs échecs et le peu d'intérêt qu'ils ont éveillé en prétendant, comme font certains, que leur art est le seul à ne pas avoir été récupéré par la société de consommation, si facilement invoquée ; c'est totalement faux, car cette société a prouvé qu'elle est capable de récupérer tout cela, et bien d'autres choses encore.

On le sait, l'épouvantail du formalisme a été agité sans relâche afin de politiser les jeunes vocations et de les amener au pamphlet, à la satire et à la caricature, ou à un réalisme ouvriériste qui, au demeurant, ne présente aucune garantie révolutionnaire, ou bien tout simplement à l'exécution d'œuvres dont seul le sujet serait révolutionnaire, et que l'on confond avec le véritable art révolutionnaire, le seul capable de nous conduire à une vision qualitativement neuve de la réalité. Il fut donc très utile de présenter les créateurs d'avant-garde comme des gens extravagants, dépolitisés, absents, perdus dans leurs laboratoires, se livrant à l'expérimentation formelle par simple manie, pour faire joli et pour répondre à une recherche quintessenciée et absurde de la nouveauté pour la nouveauté.

Aujourd'hui, ces thèses sont évidemment devenues insoutenables. Quel que soit notre intérêt pour l'humanisme, pour la politique et même pour la révolution, il est clair que notre comportement peut répondre à des conceptions plus larges et plus profondes, et non pas *exclusivement* à des thèmes de propagande.

On ne peut que s'étonner qu'il y ait eu des gens, parmi lesquels des écrivains, considérés comme spécialistes en la matière, qui n'aient pas voulu admettre que le véritable art d'avant-garde agit toujours à un niveau différent de celui de la politique, et qu'il comprend une vision du monde plus globale, fournie aussi bien par l'ensemble de la pensée philosophique et scientifique contemporaine que par la sagesse éternelle ; que non seulement il n'a jamais été à contre-courant des idées politiques les plus avancées, mais aussi qu'il les suscite et les justifie, et, ce qui est encore plus important, qu'il contribue même à les rectifier ; voilà peut-être ce qui gêne les politiciens dogmatiques.

Et qu'on ne s'obstine pas à répéter qu'il s'agissait justement de trouver un compromis, de rendre ce qu'on appelait « formalisme » plus compréhensible pour la société, en lui ajoutant un élément plus humain ; c'est encore confondre le fait humain avec la simple inscription de l'image de l'homme. Le résultat de ces mélanges, sans aucun rapport avec la véritable création, ressemblera toujours au vol embarrassé d'une poule et sera toujours entaché d'académisme. Il s'agit toujours du même ravalement au niveau du peuple, alors qu'il est bien plus important d'essayer d'élever ce niveau. Et en tout cas, il n'y a pas là de justification à leurs prétentions de privilégier les problèmes sociaux.

Dans notre pays est aussi apparu périodiquement un autre groupe, tout aussi polémique, avec des problèmes semblables et le même mépris pour la libre création. Il s'agit des fanatiques du design et de l'architecture qui, sans doute en toute bonne foi eux aussi, aspirent à ménager à l'art une issue « sociale », et dont on ne semble parfois attendre ni plus ni moins que le salut de l'humanité. Certains acceptent encore les arts appliqués et, d'une certaine manière, regardent d'un œil tolérant les artistes indépendants qui se livrent à la pure recherche formelle, car cette recherche pourra plus tard être utilisée par les architectes et les dessinateurs pour la construction de villes et d'édifices, et pour la fabrication d'objets. Mais il y a aussi les défenseurs de l' « art intégré ». Ceux-ci vont bien plus loin et voudraient transformer l'artiste en une espèce de super-ingénieur fonctionnaire engagé au service de la *civitas* d'on ne sait encore quel monde. Parés de l'auréole de certitude que leur confère aux yeux du public le fait de se donner comme les représentants de la marche fatale de l'histoire, ils assurent qu'après les époques où l'art s'est occupé de la reproduction de la nature, après celles où il s'est consacré à la création d'objets artistiques, doit venir une époque d'harmonisation des objets déjà existants, que « l'art intégré est le véritable aboutissement de l'art de la Renaissance », et que le « dessin scientifique » en sera le mode d'expression [1].

Ce sont les admirateurs, et les épigones, de Behrens, de Gropius et du Bauhaus, d'Alexander, de Maldonado, etc. L'art doit être une science exacte. Liberté de l'art et de la poésie? Tout cela n'a toujours été qu'illusion. L'art est déjà mort, disent-ils. Et ils semblent déjà rêver des grandes universités et des grands laboratoires du futur, évidemment pourvus de chaires à partir desquelles ils pourraient faire marcher de

1. Voir *Teoria de la sensibilitat*, de Xavier Rubert de Ventós, Éd. 62, Barcelone, 1969.

fabuleux ordinateurs Graphil et des systèmes électroniques Boeng, assistés par une armée de sous-artistes faisant des efforts ridicules — montagne accouchant d'une souris — pour dessiner une simple tasse à thé ou le plus élémentaire des bibelots cinétiques.

Imaginons un instant que tout soit déjà comme dans ces gigantesques « Alphavilles », où ces bureaucrates pourraient décider dans le moindre détail de la forme de tout ce qui nous entoure : le paysage que nous contemplons, l'aspect de nos villes, l'intérieur de nos maisons, nos vêtements et l'ustensile le plus insignifiant. Un monde en outre où tout penseur indépendant, poète contestataire ou peintre non conformiste se verrait condamné à l'ostracisme ou à l'élimination.

Fort heureusement, nous n'en sommes encore qu'au stade des théories, souvent utopiques, et dont l'effet sur les jeunes artistes, plus que de les inciter à suivre ces chemins, sera, du moins faut-il l'espérer, de les aider à voir les dangers que tout cela comporte, et à en corriger les erreurs.

Il est incroyable que ceux-là mêmes qui préconisent pour l'art une orientation sociale et humaniste (mais nul d'entre nous ne songe à autre chose) n'acceptent pas que l'art, pour remplir une fonction utile, doive être défendu comme une des formes les plus libres de recherche et d'expression des idées, et que parmi ces idées, il peut y avoir en particulier celle que l'homme, surtout à l'heure actuelle, doit lutter contre l'esclavage dont nous menace la technique superflue qui déjà nous asphyxie en bien des domaines, et contre toutes les doctrines qui tendent à l'uniformisation ainsi qu'à l'anéantissement de la richesse et de la spontanéité de notre esprit. Il semble que la jeunesse du monde entier, de la Tchécoslovaquie à la Californie, en passant par Cuba, soit en train de se rendre compte qu'il y a aujourd'hui plus que jamais de petits gestes humains beaucoup plus efficaces et estimables que le corps entier de la technique ; certains ont même prouvé que l'on peut vivre non seulement parfaitement, mais peut-être avec plus de plénitude et de bonheur en renonçant à la plupart des artifices, à la plupart des engins par lesquels on entend parfois nous « libérer ». On nous rétorquera peut-être que c'est faire preuve d'un doux sentimentalisme, mais peu dangereux parce que le monde de la technique et de la science est, pour employer un terme à la mode, irréversible. Quoi qu'il en soit, il est certain qu'il y a dans la technique des aspects tout à fait positifs, mais qu'il y en a aussi d'autres — peut-être la faute en est-elle à la façon dont ils sont contrôlés — qui accentuent plutôt notre esclavage.

Il n'empêche qu'il y aura toujours des gens pour combiner de la façon la plus inattendue, dans un coin de leur maison, certains matériaux, certains mots ou certains sons, dont les écrivains professionnels diront que ce n'est pas de la peinture, de la poésie ou de la musique, mais par quoi peut-être toute une génération sera bouleversée. Certaines formes qui paraissent d'abord d'une grande pauvreté sémantique sont souvent employées ensuite par ceux qui alimenteront les machines des dessinateurs, et arrivent, sans qu'on ait pu s'en douter, à constituer le véritable style d'une époque.

Pour qui s'occupe d'esthétique, la tentation de se livrer à la prophétie a toujours été dangereuse. C'est souvent le fait de professeurs très savants, qui manient un impressionnant appareil bibliographique, et dont l'autorité ne saurait être mise en doute par le grand public. Mais l'expérience enseigne que généralement ils se trompent. Ils veulent emprisonner le phénomène artistique dans le réseau de leurs interminables et laborieuses analyses, et lorsqu'ils s'imaginent y être arrivés, ils ne trouvent rien, car la vie ne s'est pas figée, elle a poursuivi par d'autres chemins. Ils semblent donner raison à ce personnage de Thomas Mann qui disait : « L'analyse est bonne si elle sert le progrès et la civilisation, dans la mesure où elle détruit des convictions, dissipe des préjugés et mine l'autorité. Mais elle est mauvaise, très mauvaise, dans la mesure où elle entrave l'action, nuit aux racines de la vie et est impuissante à donner forme à celle-ci. L'analyse peut être quelque chose de fort peu désirable, aussi peu désirable que la mort dont en fait elle s'alimente. » Ils oublient que le poète, l'artiste, le musicien et le penseur indépendant se nourrissent toujours, entre autres, d'une étrange ferveur rebelle à toute tentative de réduction à quelque schéma que ce soit. Il est pour tout artiste d'une nécessité vitale — car c'est la matière fondamentale de l'acte de création — de berner ceux qui attendent quelque chose de précis à un moment précis. C'est le sens de cette exclamation de Liszt écoutant un morceau de Chopin : « C'est surprenant ; dans ce passage, il devait fatalement y avoir un *fa*, et voilà qu'il met un *si* bémol. » A cent lieues des discussions périmées et des excommunications mutuelles entre les vieux dogmes réalistes ou néo-réalistes et les non moins vieux dogmes abstraits, il existera toujours cet élément de surprise, ce coup de génie à l'originalité imprévue : c'est cela qui véritablement renouvelle notre vision, nos idées et nos sentiments.

Mais chez nous, certains intellectuels un peu vieillissants semblent peu décidés, contrairement à ce qui se passe dans le monde entier, à respecter la créativité, l'imagination, l'invention, et ne parlons pas de l'excès et même de la saine folie nécessaires dans certaines situations. Ils donnent l'impression d'entrer dans le jeu des faiseurs de dogmes des deux camps, dont le désir est de nous voir définitivement changés en Sancho Pança, les ailes coupées à ras. Car une société sans créateurs libres, exaltés et visionnaires, serait un corps à moitié mort, incapable de prendre en main son propre destin.

Par bonheur, en matière d'art, les prophètes trop rationalistes se sont toujours trompés. Mais peut-être en est-il de même dans tous les domaines, y compris l'architecture, l'économie et la politique.

XI. UN ART POUR LES RICHES?

L'essentiel de ce texte a été écrit en mai 1969, à l'occasion de l'une des nombreuses campagnes de presse qui, en Espagne, se déchaînent périodiquement contre l'art d'avant-garde.

C'est un thème rebattu que le lieu où aboutissent les œuvres d'art contemporaines dans la société bourgeoise. Partout dans le monde a resurgi un vieux type de littérature qui, sous les dehors de la contestation la plus avancée, se remet à propager de vieux poncifs sur la façon dont l'artiste doit se mettre au service de la révolution. Jusqu'à considérer que celui-ci ferait mieux d'abandonner l'art pour se consacrer exclusivement à la révolution. Aujourd'hui, bien sûr, contrairement à ce qui se passait lorsque les

Surréalistes soulevaient ce genre de question, on ne sait pas toujours de quelle révolution il s'agit. Mais on s'est remis à brandir le spectre de ces avant-gardes « classiques » qui, disait-on, ne font rien pour le prolétariat, puisqu'elles sont aux ordres de la bourgeoisie, dans sa forme moderne, la société de consommation, avec ses marchés qui sont autant de louches combines ; mais aujourd'hui, ces attaques servent des intérêts ou des confusionnismes qui ne sont pas toujours très nets.

Les réunions, les discussions où se rencontraient pendant les événements de mai 1968 à Paris, étudiants, artistes et critiques, même si elles n'étaient pas d'une totale nouveauté, représentèrent une expérience saine et instructive. Ces débats, au cours desquels la jeunesse découvrit bon nombre de thèmes touchant à l'art et à la révolution, permirent d'élucider certains faux problèmes qui s'y sont toujours trouvés mêlés, et aussi de démonter beaucoup de naïves utopies.

Je ne sais pas si on peut considérer les conclusions auxquelles ils arrivèrent comme très optimistes, mais il semble en tout cas qu'il n'y ait personne, dans le monde de l'art, qui ne partage à quelque degré l'opinion qu'on ne peut croire aujourd'hui à aucune révolution qui ne soit pas fondamentalement politique, totale et prolongée (même si on veut toujours faire reposer la plupart des responsabilités sur l'art et sur la poésie), et par conséquent que c'est le « système » tout entier qu'il faut attaquer.

Mais certaines analyses, une certaine terminologie, ainsi que les rapprochements que l'on fait parfois entre les problèmes de l'intégration de l'art dans la société et ceux du marché commercial moderne me paraissent à la fois malhonnêtes et propres à accroître le confusionnisme actuel. Je trouve par exemple peu pertinent de comparer la volonté de créer un public sensible, ce qui est l'objet d'une lutte constante de l'artiste, et celle d'ouvrir des marchés nouveaux, qui caractérise le néo-capitalisme. C'est ainsi qu'Edoardo Sanguineti compare le monde de l'art actuel à l'économie : c'est selon lui un marché ouvert, avec ses impératifs de novation continuelle, avec ses trusts, des barrières protectionnistes établies par les galeries, les critiques et les marchands, l'organisation des musées et des biennales, etc. L'artiste, qui n'a jamais pensé à la vente ni au marché, se retrouve pris dans cet écheveau, perplexe et étonné. Où cette analyse doit-elle nous mener ? Ce que Sanguineti veut démontrer, fort justement, c'est que les caractéristiques du marché artistique sont semblables à celles de tout autre marché, et en réalité tout à fait normales, du moins tant que le système n'aura pas été changé. « Ici, messieurs, il ne s'est rien passé », nous dit-il. Mais en chemin, il a laissé entendre que le but de l'artiste est de vendre ses œuvres, ce qui est absolument faux. C'est aussi absurde que de douter des idées de Marx et de lui reprocher d'avoir simplement voulu vendre ses livres, pour la seule raison que la bourgeoisie en remplit ses bibliothèques. Tout cela, c'est évident, a été l'occasion d'interprétations démagogiques de l'art authentique, totalement injustifiées, car celui-ci a toujours eu des buts désintéressés. L'artiste essaye par tous les moyens de montrer ses œuvres, et la vente sera toujours quelque chose de superflu. « L'écrivain — cela est également applicable à l'artiste — doit gagner de l'argent pour pouvoir vivre et travailler, mais en aucune façon il ne doit vivre et travailler pour gagner de l'argent... », disait déjà le jeune Marx. Et il ajoutait que l'activité littéraire — et artistique — doit avoir une finalité en elle-même, et que la première condition de la liberté de création est de ne pas faire de celle-ci un moyen d'existence.

C'est le même genre de problèmes que soulève l'opinion que le « succès » est le seul critère possible pour apprécier l'art d'avant-garde. Avoir du succès, dans une entreprise quelconque, peut être louable et peut ne pas l'être. Il est certain cependant qu'aujourd'hui le terme de succès implique applaudissements, vedettariat, gloire commerciale, et que tout cela entre mal dans un répertoire esthétique. Sous l'influence superficielle du marxisme, il a été à la mode de tout considérer selon un schéma pan-économiste : pour un poète ou un artiste, cette analyse ne peut être que fausse. Il est évident que pour avoir un auditoire, il faut tout d'abord acquérir une certaine autorité, un certain prestige. Mais on ne peut pas y arriver par le seul moyen des techniques de la publicité (souvent fausse et trompeuse) propre au marché commercial ; les véritables moyens sont l'authenticité et la profondeur de pensée dont fait montre le créateur, la justesse de la compréhension des experts authentiques qui le présentent au public et le font connaître. S'il n'en était pas ainsi, la critique d'art n'aurait aucune raison sérieuse d'exister. De toute façon, un certain délai est toujours nécessaire pour qu'un artiste soit reconnu ; en fin de compte, ce délai joue en faveur de l'œuvre d'art authentique, car la critique peut se tromper et — cela arrive — manquer d'intégrité. (Il ne serait pas mauvais qu'il y ait de temps en temps dans les pages artistiques des journaux et des revues une rubrique de critique de la critique.)

Il est intéressant de voir d'où provenaient la plupart des critiques faites aux artistes, et tout particulièrement aux représentants des mouvements les plus récents, accusés de manquer de conscience révolutionnaire. Allaient bras dessus bras dessous, en un mélange du plus curieux effet, le véritable-révolutionnaire, le jeune-homme-légitimement-impatient, et l'artiste-aigri, le raté, le politicien-flagorneur, l'ambitieux-qui-rêve-d'une-chaire ou bien le marchand et le critique-sans-scrupules qui cherchent leur propre publicité et celle de leurs nouveaux protégés.

Mais, en général, le radicalisme de ceux qui, euphoriques, semblaient au début, avec quelque raison, damer son pion à l'art, s'est changé peu à peu en une attitude plus réaliste, consistant à revendiquer pour cet art qu'ils avaient attaqué un rôle positif dans la préparation de cette révolution qu'ils avaient espérée en 1968 et qui n'avait pas eu lieu. Mais le plus curieux de l'affaire c'est que ceux qui, ignorant tout des données générales du problème, profitèrent de l'occasion pour annoncer à grands cris que l'art moderne sert à flatter les classes fortunées, ce furent comme toujours, je pus m'en rendre compte, ceux qui restent attachés aux conceptions esthétiques les plus académiques ; ceux qui continuent à croire à des formes et à des valeurs intrinsèques et immuables de la Beauté ; bref, ceux qui partagent les opinions de la plus grande partie de la bourgeoisie — je pense tout particulièrement à mon pays —, qui voudrait que tout soit immuable et conservateur.

Nous ne parlons pas ici de la « valeur » que confère à l'œuvre l'utilisation de certains matériaux (or, argent, pierres précieuses...), encore que certains emploient encore sans vergogne ce critère, mais de la « valeur », de la « richesse » que continuent à représenter pour beaucoup de gens le travail accumulé, l'habileté manuelle, la difficulté... et même la « joliesse » ou ce qu'on appelle vaguement la « beauté plastique ». Ce sont encore, nous dit-on, des critères sérieux dont l'esthétique ne saurait se passer. Il n'est pas étonnant que ceux qui pensent ainsi attachent de l'importance au sort matériel de l'œuvre, au fait qu'elle finisse entre les mains de tel ou tel collectionneur.

Certains apprentis sociologues pensent que ce problème pourrait être résolu en appliquant à l'art certains procédés industriels qui, tout en conservant les « valeurs » de richesse des œuvres, les mettraient à la portée de toutes les bourses ; un peu comme la production en série rendit les automobiles meilleur marché.

La démagogie s'est à tel point répandue qu'elle a même touché des hommes bien intentionnés qui, ne sachant comment épargner à leurs œuvres un sort qu'ils jugeaient odieux, ont opté pour la solution désespérée, ont abandonné leur travail et en sont arrivés à considérer l'art comme une substance possédée du diable, tout comme l'or volé aux filles du Rhin.

Mais en fait non seulement ces vieux critères, qui sont à la source de tant d'angoisses, nous semblent superflus, mais ils sont même considérés par la majorité des artistes nouveaux comme nuisibles à l'œuvre d'art. Le compositeur Carlos Santos m'a fait remarquer un jour ce qu'a d'aberrant le système d'interprétation de certains instruments, ou le fait de s'abîmer les yeux à copier des choses que la photographie peut reproduire en un instant. C'est aujourd'hui une qualité négative dont on se moque, qu'une œuvre demande des efforts excessifs.

Les grandes dimensions, les matériaux « nobles » ou sophistiqués, la surcharge gratuite, la solidité, et aussi ce qu'on appelait l' « honnête travail d'artisan », l'œuvre bien faite... autant de critères discrédités.

Nous savons aujourd'hui que les valeurs esthétiques ne dépendent pas toujours de la structure interne des œuvres, qu'elles forment avec l'entourage de l'œuvre une structure plus vaste, et que ce qui les fonde c'est le degré d'opportunité de l'œuvre, le contraste, la surprise, le choc qu'elle peut provoquer face au goût moyen régnant à ce moment-là. Aujourd'hui, plus que d'œuvres matérielles, il est question de gestes et d'attitudes qui parfois ne demandent pas le moindre effort physique, car cet effort dénoterait tout de suite une servitude ou un esclavage.

En fait, la situation a déjà beaucoup changé depuis les événements de mai 1968 à Paris. Avec ces nouveaux critères, quelle importance cela peut-il avoir pour l'artiste et pour la société que, une fois accompli le geste, une fois ce geste vu par la société, et même parfois perpétué par des reproductions ou des livres, quelqu'un veuille à toute force le transformer en un objet de prix ou sans valeur et, soit l'acquérir pour l'ajouter à ses « objets de valeur », à ses bijoux, soit le mettre au rebut ?

L'art et l'artiste continuent de toute évidence à occuper dans la société actuelle une position indigne, marginale, à moins qu'ils ne soient habilement récupérés ; mais peut-être les nouvelles tendances artistiques naissent-elles déjà d'une prise de conscience de cette situation.

On entend parfois dire qu'il serait préférable que le geste de l'artiste soit conservé indéfiniment, dans un musée ou dans un lieu public, afin de servir de symbole pour les générations à venir. C'est vrai, sans aucun doute. Mais peut-on exiger de l'artiste qu'au plein d'un combat dont l'enjeu est vital, pressant, il ait à l'esprit qu'il travaille pour être plus tard placé sur un piédestal? Ce qui compte pour lui, ce qui comptera toujours, ce n'est pas l'objet matériel, qui peut fort bien disparaître (la plupart des peintures du grand Mi Fei ont disparu, et pourtant on en parle encore). Ce qui compte, dis-je, c'est de laisser, par quelque moyen que ce soit, une empreinte réelle, c'est d'instaurer une communication vivante, intéressante et durable, indépendamment du fait que les œuvres disparaissent, soient entassées par les riches, ou même n'aient jamais eu d'existence matérielle.

Mais dans notre royaume de bornes, bien que tout le monde, y compris les marxistes, se soit rendu à l'évidence, on continue à faire assaut de démagogie et à affirmer que l'art nouveau est affaire de riches, car ce sont eux qui l'achètent ; on dit même quelquefois qu'ils sont les seuls à le comprendre! Et, bien entendu, avec l'artiste prétendument inféodé à la bourgeoisie, on cloue au pilori le marchand et même le critique dont il reçoit un appui.

Et y a-t-il rien de plus satisfaisant, là aussi, pour le chœur des pleureuses qui ne se résignent pas à la mort du folklorisme figuratif de chef-lieu (seule forme « artistique » qu'apprécie en fait réellement la bourgeoisie sérieuse) que toute cette littérature sur le mercantilisme, point d'aboutissement, nous dit-on, de tout ce qui est moderne?

De plus, les gens sérieux ne ménagent pas leurs efforts pour donner l'allure la plus scientifique possible à leur campagne de dénigrement. Je n'oublierai jamais, par exemple, les remous provoqués par l'étude de Raymonde Moulin, *Le Marché de la peinture en France* (Éditions de Minuit, Paris, 1967). Pour certains, ce livre dévoila de façon définitive les trucs et les artifices grâce auxquels, dans l'ombre, on tire les ficelles des valeurs esthétiques et de la cote de l'art actuel ; ils ajoutent que ce sont des trucs employés de façon discriminatoire par les artistes célèbres, par les marchands et les critiques à leur solde, contre les autres artistes.

Je crois qu'il vaut la peine d'avoir la patience de s'arrêter quelques instants à l'examen de cet ouvrage. On verra ainsi, non seulement que l'émoi qu'il souleva était injustifié, mais encore qu'il était abusif de vouloir tirer argument du livre de Raymonde Moulin pour prouver l'existence d'une situation qui, cela apparaît clairement à la lecture du livre lui-même, est totalement imaginaire. Il n'est donc pas question de défendre le marché de l'art actuel, que l'artiste abhorre, comme tant d'autres choses, mais bien de dénoncer les falsifications de la réalité, pratiquées comme toujours afin de nuire aux avant-gardes.

1) Raymonde Moulin assure qu'il ne faut pas chercher dans la matière de son livre — présenté comme une simple « analyse sociologique du marché de l'art » — le moindre jugement de valeur ni le moindre verdict sur l'art de notre temps, qu'il s'agisse des œuvres considérées comme d'avant-garde, ou au contraire conservatrices. Elle dit qu'elle est arrivée à la conviction que l'art moderne a obéi pour l'essentiel à la logique interne de son développement ; que cela précède tout succès commercial et que l'histoire des œuvres ne se réduit pas à la sociologie des contraintes apportées à la création. Elle dit aussi — Marx l'avait déjà fait remarquer — que la valeur économique des œuvres d'art échappe aux lois de la valeur des produits manufacturés et qu'en tout cas les véritables valeurs esthétiques ne peuvent être soumises qu'après coup au jeu des lois de l'offre et de la demande.

On ne trouve qu'un seul jugement de valeur de type esthétique, et encore indirect, dans un passage (p. 70) où l'auteur souligne que les connaisseurs français (professionnels, intellectuels et artistes) dans leur ensemble refusent le statut et la dignité de l'œuvre d'art (je cite textuellement) « aux scènes de folklore (du type *Pardon en Bretagne* ou *Les Gitans*), paysages (bruyères, sous-bois au printemps ou en automne, avec ou sans biches, lacs de montagne ou bords de mer, bocages ou pommiers neigeux, couchers de soleil), natures mortes aux fleurs, aux fruits, aux poissons, au gibier, nus, aquarelles touristiques (gondoles vénitiennes ou Sacré-Cœur de Montmartre) ». Bref, tout ce qu'on a l'habitude d'appeler « peinture de calendrier » ou « de bazar ».

2) Raymonde Moulin assure qu'après de nombreuses enquêtes et recherches, elle s'est rendu compte qu'il existe en France un « marché noble de valeurs esthétiques sûres », et à côté de celui-ci, un « marché vulgaire de tableaux de " peintureurs ", qui n'ont d'autre valeur que celle des matériaux dont ils sont constitués », et puis d'autres, qui suivent le cours des modes passagères. Raymonde Moulin parle de deux sortes de marchands : d'une part, le « négociant » traditionnel ; d'autre part, un type d' « entrepreneur » original, innovateur, dynamique, qui « ne vend pas une peinture consacrée et demandée, mais se veut découvreur et promoteur d'une peinture novatrice, et qui donc exerce une fonction créatrice », comme celle qu'ont exercée de tous temps les grands mécènes. Mais elle dément aussi que ce soient les marchands qui aient lancé artificiellement les artistes célèbres et précise que ces derniers sont « seuls responsables des inventions plastiques ; que l'innovation du marchand — qui se situe, elle, sur le plan économique — n'est pas chronologiquement première et que ce sont les plus grands peintres qui font les plus grands marchands : une telle constatation est de l'ordre de l'évidence » (p. 118).

3) L'auteur consacre un long chapitre aux grands écrivains et poètes (de Baudelaire à Apollinaire, à Breton et à Éluard), aux professeurs et auteurs de traités, aux critiques professionnels, aux journalistes, etc. Elle nous dit qu'à côté de ceux qui peuvent exercer une fonction éducatrice réelle, on trouve hélas aussi les écrivains qui font passer le courant par leur propre moulin, les faux prophètes, les négociants et ceux qui par leur ignorance sèment la confusion. A ce propos, sa fantaisie parfois mal contrôlée fait insinuer à Raymonde Moulin qu'il semble que des poètes célèbres ont travaillé à « élever » certains artistes pour se livrer ensuite à un trafic occulte avec des tableaux qui leur avaient été offerts. Et elle commet l'erreur de citer à l'appui de sa thèse le seul exemple de Paul Éluard.

Il se trouve que je connais bien la collection complète d'Éluard. Le besoin l'obligea à la vendre à la veille de la guerre, et j'en connais personnellement l'acquéreur. Le prétendu trafic occulte du pauvre Éluard, sa grande affaire, que Raymonde Moulin se borne à proclamer en se gardant bien de la décrire en détail, a consisté en se défaire, au su de tous, de six œuvres de Chirico, dix de Picasso, quarante de Max Ernst, huit de Miró, trois de Tanguy, quatre de Magritte, trois de Man Ray, trois de Dali, trois d'Arp, une de Klee, une de Chagall, etc., une centaine de toiles, pour une somme de mille six cents livres sterlings, payées à terme par-dessus le marché. Si c'est cela qu'on appelle agir en maffioso, je tombe d'accord qu'il s'est rendu coupable du délit.

Et l'on pourrait ainsi continuer à commenter le livre de Raymonde Moulin, avec ses vérités et ses contrevérités, sur les collectionneurs, sur les peintres eux-mêmes, sur les ventes publiques, etc.

Toute médaille a son revers, et ce doit être vrai dans le monde de l'art français... Mais, comme ici et comme partout, tout cela est secondaire par rapport aux valeurs esthétiques réelles, consacrées peu à peu par le temps, sans qu'il soit besoin d'une quelconque « maffia » (peut-être même au détriment des maffias), et encore moins de « conspirations du silence » ou d'actes « mesquins » envers les autres artistes ; en tout cas, ce genre de pratique serait à l'heure actuelle davantage à la portée des critiques d'art qu'à celle des peintres.

Une grande partie de ce qui nous est présenté aujourd'hui sous les couleurs de l'apocalypse, comme dirait Eco, et comme une monstruosité de la « société de consommation » (par quel mystère tenace s'en prend-on de préférence aux artistes, alors que le problème est le même pour les autres professions ?), une bonne part des arguments que l'on utilise pour attaquer l'art actuel (et même le prétendu vedettariat agressif des artistes) a en réalité une autre dimension : on peut y voir le signe que par rapport à ce qu'était l'art dans le passé et à ses contraintes nous vivons à un niveau historique supérieur. La dialectique de l'histoire ne trompe pas. Rappelons-nous simplement quelle était la situation de l'artiste au Moyen Age ou aux Temps modernes, là, le contrôle de l'Église, ici, celui des rois et des aristocrates. Il est évident que nous ne vivons pas dans le meilleur des mondes ; et que les crimes sans cesse perpétrés contre la culture ne viendront jamais à bout de nos haines ni de nos désirs de changement. Mais, malgré tous les inconvénients du système, malgré la répugnance et le dégoût qu'il inspire, nous ne disposons manifestement pas encore d'un modèle clair, capable d'éviter les maux qui infestent le mécanisme « répressif commercial », comme on dit, qui enserre l'art. Ou bien croit-on qu'il serait préférable que les valeurs artistiques soient désignées par des bureaucrates, de la même façon que l'on désigne les maires en Espagne, ou par les sociétés d'auteurs et de peintres, comme cela se pratique dans beaucoup de pays socialistes ?

Ce n'est pas parce que s'est créée autour de l'art cette mécanique parasitaire, ni parce que les œuvres aboutissent entre les mains des classes les plus aisées que leur message profond s'en trouve affecté. On peut voir gratuitement des expositions dans les galeries privées. Les reproductions se multiplient. Il existe des écrivains et des critiques sérieux, qui peuvent clarifier certaines choses. S'il y a un danger que le message des œuvres n'arrive pas jusqu'au peuple, ce n'est pas à cause du destin matériel des œuvres. Ce danger, nous le savons, vient de beaucoup d'autres côtés, et la responsabilité n'en incombe pas uniquement à l'artiste, au marchand ou au critique.

En tout cas, je le répète, c'est le système tout entier qu'il faut *contester*.

XII. COMMUNICATION SUR LE MUR

Texte écrit en 1969 à la demande de la revue *Essais* pour un numéro spécial sur le thème du « mur, comme forme d'expression de l'art contemporain ».

La longue nuit;
le son de l'eau
dit ce que je pense.
Gotxicu.

Quand on me demande des explications sur ce que l'on appelle mes murs, mes fenêtres ou mes portes, je précise tout de suite que j'ai fait en réalité moins de murs, de fenêtres ou de portes qu'on ne l'imagine. Ma réponse a deux versants : elle est d'abord une contestation, ou une invitation à prendre mes murs, mes fenêtres ou mes portes comme une organisation artistique — et ceci n'empêche pas leur présence dans mes tableaux d'être très réelle. En second lieu, elle est une façon de souligner que dans mon intention ces images n'ont jamais été une fin en soi : il faut les tenir pour des tremplins, un moyen pour atteindre des objectifs plus lointains. Cependant le mur, la fenêtre ou la porte — au même titre que bien d'autres images qui ont défilé sur mes toiles — ne cessent pas d'être là, et je suis fort loin de tenter maintenant de les escamoter. Je veux dire par là que je ne pense pas que dans mes œuvres les images doivent être considérées comme un prétexte indifférent dont le rôle se bornerait à soutenir des composantes plastiques (comme on dit, par exemple, que le sujet était un prétexte pour les Impressionnistes ou pour les Fauves — ce sujet dont on ajoute parfois que, plus tard, se sont libérés les artistes abstraits ou non figuratifs). Au contraire, mes murs, mes fenêtres ou mes portes — ou du moins leur image suggérée — gardent leur réalité, sans rien perdre de leur charge archétypique et symbolique.

S'agit-il d'un retour au « sujet »? Ici encore la réponse doit être double. On sait aujourd'hui que dans la structure de la communication artistique les choses, magiquement, sont là, ne sont pas là, apparaissent, disparaissent, vont des unes aux autres, déclenchent des associations en chaîne... Tout est possible. Parce que tout se passe dans un champ bien plus vaste que le champ délimité par le format ou le contenu matériel du tableau. Celui-ci n'est, en effet, qu'un support qui induit le regardeur au jeu infiniment plus ample des mille et une visions, des mille et un sentiments : le talisman qui dresse ou écroule des murs dans les recoins les plus reculés de notre esprit, qui ouvre, et parfois ferme, les portes et les fenêtres des édifices de notre impuissance, de notre servitude ou de notre liberté. Le « sujet » peut donc se trouver dans le tableau ou bien n'être que dans la tête du spectateur.

Si je dois rendre compte de la façon dont, peu à peu, j'ai pris conscience de cette puissance évocatrice des images de murs, il me faut remonter très loin. Ce sont des souvenirs qui me viennent de l'adolescence et de mes jeunes années prises entre des murs, les murs entre lesquels j'ai vécu les guerres. Tout le drame souffert par les adultes et tout ce qu'inventa d'atroce une époque qui parmi les catastrophes paraissait aller à la dérive de ses propres impulsions, tout cela se dessinait, s'inscrivait sous mon regard. Dans la ville où grâce à la tradition familiale j'avais pris l'habitude de me considérer chez moi tous les murs portent témoignage du martyre de notre peuple, des arrêts inhumains qui lui ont été infligés.

Oui. Mais l'effet de ces réalités a été accentué par le legs culturel. Tout, de la vulgarisation archéologique dont je me gavais aux préceptes de Léonard, des destructions de Dada aux photographies de Brassaï, tout contribua à ce que déjà mes premières œuvres de 1945 se rencontrent avec les graffiti des rues et avec tout un monde de protestation réprimée, clandestine mais vivante, courant le long des murs de mon pays.

Plus tard ce fut l' « heure de la solitude ». Et dans ma minuscule chambre-atelier a commencé le séjour au désert, ces quarante jours dont je ne sais s'ils sont achevés... Avec un acharnement désespéré et fébrile je me livrais jusqu'à l'obsession à l'épreuve des formes. Chaque toile était un champ de bataille où les blessures se multipliaient à l'infini. Survint alors un phénomène surprenant. Tout ce mouvement frénétique, cette gesticulation, ce dynamisme inépuisable, à force de griffures, de coups, de cicatrices, de divisions, de subdivisions infligées à chaque millimètre de matière, à chaque centième de millimètre, ont opéré soudain le « saut qualitatif ». L'œil ne percevait plus les différences. Tout se fondait en une pâte uniforme. Cela qui avait été ardente ébullition se muait de soi-même en silence étale. Ce fut une grande leçon d'humilité que recevait mon déchaînement orgueilleux.

Puis un jour j'ai tenté d'atteindre directement au silence. Plus résigné je me suis soumis à la nécessité qui gouverne toute lutte profonde. Les milliers de coups de griffes se sont changés en milliers de grains de poussière, de grains de sable... Tout un nouveau paysage, comme dans la Traversée du Miroir, s'offrit soudain à moi, m'ouvrant l'essence la plus intime des choses. Suggestion de combinaisons et de structures moléculaires inconnues, de phénomènes corpusculaires, de l'univers des galaxies, d'images microscopiques. Symbolisme de la poussière — « se confondre avec la poussière, voilà l'identité profonde, la profondeur interne qui joint l'homme et la nature » (*Tao-tö king*) —, de la cendre, de la terre d'où nous procédons et où nous retournons, de la solidarité qui naît quand on saisit que la différence qui nous sépare les uns des autres est la même que celle qui sépare deux grains de sable... Et ma surprise la plus forte fut de découvrir un jour, tout à trac, que mes tableaux, pour la première fois de l'aventure, s'étaient changés en murs.

Par quel étrange cheminement étais-je parvenu à des images d'un telle précision ? Et pour quelle raison, moi, le premier à poser le regard sur elles, en tremblais-je d'émotion ? Rien ne vient de rien : tout devait avoir une explication. Était-ce l'aboutissement d'un processus de lassitude dû à la prolifération universelle d'un tachisme facile ? Une réaction contre un art informel anarchique ? Une tentative pour échapper aux excès de l'abstraction ? L'attrait de quelque chose de plus concret ? Voyais-je la possibilité de toucher des territoires plus primitifs, les éléments les plus purs, les plus essentiels de la peinture que les maîtres de la génération précédente m'avaient incité à chercher? Peut-être chez un autre artiste tout cela serait-il resté plus vague, n'aurait été qu'une étape. Mais moi comment n'en aurais-je pas été marqué? Étrange destin inscrit dans mon nom [1]! C'était comme si s'accomplissait le présage étrange que, quelques années plus tôt, j'avais receuilli d'un adepte de l'occultisme expliquant l'influence du nom sur notre caractère et sur notre destin... Reste qu'en peu de temps j'ai pris conscience de la possibilité d'une série d'expériences qui, d'année en année, me passionnèrent davantage et qui ont peut-être eu quelque conséquence dans le monde de l'art.

Que de suggestions peuvent naître de l'image du mur et de toutes ses dérivations! Séparation, claustration ; murs des lamentations, murs des prisons ; témoins de la marche du temps, surfaces lisses, sereines, blanches, surfaces torturées, vieillies, décrépites ; marques d'empreintes humaines, d'ob-

1. *Tàpies* est l'un des mots catalans désignant les « murs ». (*N. d. T.*)

jets, d'éléments naturels ; sensation de lutte, d'effort, de destruction, de cataclysme, ou de construction, de création et d'équilibre ; débris d'amour, de douleur, de dégoût, de désordre ; prestige romantique des ruines ; apport de matières organiques, formes suggestives de rythmes naturels et du mouvement spontané de la matière ; sens du paysage, suggestion de l'unité fondamentale de toutes choses ; matière généralisée ; affirmation et valorisation de l'élément terre ; possibilité de distribution variée et de combinaison de grandes masses, sensation de chute, d'effondrement, d'expansion, de concentration ; rejet du monde, contemplation intérieure, anéantissement des passions, silence, mort ; déchirures, tortures, corps écartelés, débris humains ; équivalence de sons, balafres, raclements, explosions, décharges de feu, coups, martèlement, cris, échos résonnant à travers l'espace ; méditation d'un thème cosmique, réflexion grâce à la contemplation de la terre, du magma, de la lave, de la cendre ; champ de bataille, jardin, terrain de jeu, destin de l'éphémère... Et tant et tant d'idées qui se présentèrent à moi, l'une après l'autre comme les cerises que l'on prend dans un panier. Et tant et tant de choses qui, à mes yeux, me hissaient orgueilleusement au niveau des philosophies et des sagesses auxquelles j'attachais le plus de prix!

Ainsi j'ai été extrêmement étonné quand, plus tard, j'ai appris que l'œuvre de Bodhidharma, fondateur du Zen, s'appelait *Contemplation du mur au Mahāyāna*. Que les temples Zen possédaient des jardins de sable formant des striures ou des bandes semblables aux sillons de certains de mes tableaux. Que les Orientaux avaient déjà défini dans l'œuvre d'art des éléments ou des sentiments précis lesquels alors affleuraient obscurément à mon esprit : les composantes Sabi, Wabi, Aware, Yugen... Que dans la méditation bouddhique on recherche aussi le support des Kasinas, parfois de la terre placée dans un trou, dans un mur, ou de la matière charbonneuse...

Peut-on continuer à appeler « murs » tout ce que j'ai fait?

Loin du cliché banal de l'artiste muni de tout son nécessaire d'originalité, de personnalité, de style etc., grâce à quoi se communique le langage des œuvres, il y a, pour l'auteur, avant tout, un noyau de pensée plus anonyme, un noyau collectif dont il est le modeste serviteur. C'est la zone où se situe la sagesse sous-jacente à toutes les idéologies et à toutes les fatales contingences du monde. C'est la pulsion de notre instinct de vie, de connaissance, d'amour, de liberté qui a été conservée et vivifiée par la sagesse de toujours. Ses formes concrètes, indispensables à la communication de ses messages, sont les épisodes obligés des lois de croissance de l'art en chacun de ses moments. L'image du mur, avec ses innombrables connotations, constitue tout naturellement un de ces épisodes. Mais si l'épisode a quelque importance dans l'histoire de la chaîne des styles, ce ne peut être que pour avoir reflété à un moment donné ce patrimoine commun que tous les hommes créent au cours des siècles en des moments de particulière profondeur. Autrement l'œuvre d'art serait toujours superflue, banale, vaine ou dérisoire. Sans que les styles, les écoles, les tendances, les -ismes, les formules, et les murs eux-mêmes puissent être, à soi seuls, garants d'une expression authentique.

XIII. REFUS DE L'ART TRANSCENDANTAL ET CONFORMISME

Ce texte, écrit au cours de l'été 1969, a été publié dans la revue *Destino* le 10 janvier 1970.

Dans la psychose générale d' « absorption par le système », dont souffre notre monde culturel, est-il rien qui demeure sauf ? Même les francs-tireurs qui ont dénoncé le caractère dramatiquement unidimensionnel de notre société, et tous les méfaits de la consommation (ou tout au moins d'un certain mode de la consommation), on entend dire que — comme tant d'autres — ils ont été touchés par la contagion et se sont mis rapidement à produire en masse des objets à commercialiser. Et ces objets, malgré toutes leurs vertus érotico-gauchisantes et provocatrices, servent finalement de simple ornement aux salons les plus conservateurs. Cette nouvelle sensibilité, virus à partir duquel on voulait fonder une troisième voie, au-delà du néo-capitalisme et du paléocommunisme, menace de toute évidence de succomber aux effets d'une anesthésie logique. Et pourtant, elle avait cette fois-ci des chances de succès non négligeables. A la vérité, sa grande offensive esthétique contre l'*esprit de sérieux*, menée à grand renfort de mini ou de maxijupes, de bandes dessinées aux volutes néo-modernistes, d'exhibitions de nu au théâtre, de « jazz sur les barricades », et surtout par les innombrables « prolongements de notre peau » intégrés, impliqués (y a-t-il chemin plus direct vers l'absorption ?) dans les mille et un objets du décor de notre vie quotidienne, a manqué son but. Certains pensaient que cette offensive provoquerait dans les beaux-arts un « saut qualitatif » et permettrait d'en finir définitivement avec tous les « -ismes », embourgeoisés, avec le « transcendantalisme » des avant-gardes qui, disait-on, demeuraient dans la droite ligne de l'art de la Renaissance, et avec le scandaleux système des marchands privés et des musées. En réalité, par une ironie du sort, elle est en train de se transformer en l'un des phénomènes les plus frivoles et les plus spéculatifs du marché commercial, où l'infantilisme mental est exploité au maximum.

Doit-on en conclure que tout cela a été inutile et qu'il aurait mieux valu en revenir à de sages pratiques, aux normes des académies du XVIIIe siècle ? En aucune façon. Il faut tout simplement en retenir que dans la genèse d'un style, la progression en surface est inefficace, et qu'en outre, elle suscite l'absorption de façon certaine ; que les changements importants s'opèrent toujours à un niveau plus profond de l'esprit humain et de la dynamique sociale ; et que dans le domaine de l'art — les Surréalistes l'avaient dit — une certaine « occultation » est nécessaire.

Le vieux Marcuse lui-même, après avoir inspiré tant de contestataires, semble dans la situation actuelle ressentir la nécessité de se réfugier dans un certain sérieux historique et de souligner, avec cinquante ans de retard, mais qu'importe, le caractère fondamental de la rupture pratiquée par Dada, le Surréalisme, l'art abstrait, etc. Il considère ces mouvements, avec tous ceux auxquels il attribue une fonction de « désublimation artistique culturelle [...] aussi désordonnés, grossiers et burlesques qu'ils puissent paraître », « comme un élément essentiel des forces politiques radicales : des forces subversives en cette période de transition ». Sans entreprendre ici une analyse freudienne, il est certain qu'il ne se trouve pratiquement plus personne pour contester qu'il a été d'une grande utilité de perpétuer l'esprit d'indépendance, les véritables conquêtes et les changements introduits dans le monde de l'art par les avant-gardes ; de perpétuer cet esprit et non pas, cela est capital, de se borner à reproduire des formes anciennes. Et les intellectuels en vue, qu'ils s'occupent de linguistique ou de psychanalyse, d'anthropologie ou de structuralisme, voire d'architecture, ou de quelque discipline que ce soit, s'emploient aujourd'hui de trouver raisonnables beaucoup de ces « communications » que munis de leur seul instinct naturel les meilleurs des artistes et des poètes ont proposées au cours des dernières décennies.

Tout cela servira-t-il en fin de compte à la prompte « récupération » du profond sens progressiste de ces mouvements (sens progressiste désamorcé, mais aussi masqué par les applaudissements cyniques des conservateurs, avec la complicité, ou tout au moins grâce à l'aveuglement de la plus grande partie de la critique)? Cela fait au moins ressortir que beaucoup des « descriptions objectives » de l'évolution de la sensibilité actuelle (qui avaient déjà enterré toutes les avant-gardes) ne sont guère autre chose que des discours prophétiques ; et à ce propos, il est assez piquant de remarquer que la prophétique de Teilhard a été remplacée par celle de McLuhan. Cela prouve aussi que l'art et la poésie véritablement vivants et profonds peuvent encore inquiéter et effrayer, et se jouent des pièges des programmateurs et des entrepreneurs nantis de « salons d'arts ménagers ».

L' « ART PLANÉTAIRE » ET LES POUVOIRS

Étant donné que personne ne pouvait préciser la durée de la « période de transition », tout alors dépendait de notre degré d'optimisme — ou d'ingénuité —, de notre façon de nous considérer comme près ou loin de la

« fin de l'utopie ». Et il était facile, par un excès de précipitation comparable à celui de certains esprits candides du début du christianisme, d'arriver à des attitudes extrêmes comme le « quiétisme » ou le projet d'une « abolition de l'art » (« comme je ne veux pas être récupéré, je ne fais rien »), ou de se mettre à élaborer des plans et des systèmes pour industrialiser la beauté et la tenir sous un strict contrôle (diffuser de la musique de fond dans les ascenseurs et les salles de bains), dans une société idéale et sans conflits ; car tel était l'état de notre société aux yeux de certains. Ils avaient la ferme conviction que le moment était arrivé de remplacer le vieil art indépendant par la fabrication — tous ensemble et dans la joie — du monde entier comme œuvre d'art. Ils oubliaient que le monde ne peut avoir pour l'instant d'autre unité que celle imposée par ceux qui le dominent, que le problème de la liberté et de la dignité humaine est loin d'être résolu, et qu'il y aura toujours des gens pour tenir pour primordiale la conquête de cette liberté et de cette dignité. Dans ces conditions, les illusions prophétiques de l' « art planétaire », étroitement lié à l'industrie, devaient inéluctablement se révéler fort éloignées des préoccupations des artistes vraiment dignes de ce nom.

Et puis dans certains cas, on a pu voir des coïncidences troublantes. Il y avait trop de désirs communs avec ceux qui souhaitent que le monde de l'art ressemble à certains laboratoires de recherche scientifique, que l'on dit neutres, mais dont on s'aperçoit qu'ils sont au service de pouvoirs qu'on ne connaît que trop. Trop aussi la même prétention d'engager l'artiste dans la fabrication d'une « peau » qui, évidemment, ne peut être aujourd'hui que l'aspect le plus extérieur de notre vie collective ; car les structures profondes de notre société continuent d'être régies par les exigences du néo-capitalisme, par la bureaucratie ministérielle des dictatures ou par la thérapie à bon marché que pratiquent les pouvoirs « locaux », la main dans la main avec des agences de publicité, en organisant des fêtes « populaires ». Trop de plans semblables visant à nous « guérir » avec un environnement et un design bien choisis, avec la « mécanisation de la culture », sans autre fin que de nous plonger dans une quiète somnolence, alors que ce que recherche l'artiste, c'est l'insomnie et l'inquiétude ; pour « faire entrer l'art dans la vie en en faisant un prolongement des bienfaits de la technique, au même titre que tous les merveilleux gadgets qui nous entourent » ; pour nous faire oublier que « quelle que puisse être la beauté d'une automobile [...], une sculpture nègre, avec ses moyens de pacotille, se trouve de toute façon de l'autre côté de la barricade » (Julien Alvard). Trop de mises en garde copiées de ceux qui, dans l'intention parfois d'instaurer une culture populaire à grande diffusion, voudraient que l'artiste soit parfaitement intégré au système des mass media, qui partout dans le monde, — est-ce un hasard ? — sont placés sous le contrôle le plus rigoureux, et dont l'orientation risque peu d'être infléchie. Trop d'analogies avec certaines campagnes contre les expositions et les marchands privés, qui constituent aujourd'hui le moindre mal, dans la mesure où ils sont indépendants et représentent la pluralité. Trop de points communs avec ceux dont le but est, semble-t-il, que tout soit avalisé par des titres et contrôlé par le pouvoir d'État. Trop de ressemblances avec le fonctionnaire gardien de l'ordre, toujours prêt à étiqueter les œuvres d'art, à les soustraire à la vie en les rendant inoffensives comme des pièces de musée. Trop de tendances à minimiser les valeurs nouvelles (au lieu de tenter de les sauver de cette maudite absorption), à l'instar de ceux qui réduisent tout à des luttes internes et à des conflits de générations (il y aurait beaucoup à dire de ces prétendus clivages entre générations et du « mythe de la jeunesse » comme groupe à part, positions radicales qui sont l'apanage des médiocres). Trop de similitudes en particulier avec certains désirs de voir l'art se transformer en quelque chose d' « intranscendant », comme les éternels *circenses* ou les sports offerts au peuple par les gouvernements, un carnaval de Londres de plus, paternaliste, ouvert à toutes les catharsis, ou bien un spectacle sexy, aliénant pour beaucoup, mais permettant de faire d'excellentes affaires en spéculant sur les déséquilibres des bourgeois refoulés. Trop de ressemblances enfin avec les ghettos technocratiques dans lesquels on veut nous confiner (n'est-ce pas là ce qu'il faut comprendre dans le « peignez et taisez-vous » qu'on nous assène de temps en temps ?) ; une trop grande tendance à la spécialisation froide et amorale.

Même si à première vue il semble en être

autrement, tout cela relevait en grande partie de la classique pratique des distinguos dont on peut voir chaque jour les effets non seulement dans le monde de la culture, mais aussi dans la politique, la science, la technique, et même la religion. C'est pourquoi nous pouvons dire, à titre d'exemple, qu'il paraît souvent indécent de vanter un perfectionnement technique « en soi » (ou pour l'humanité!) sans en même temps analyser, dans un esprit démocratique, si cette innovation va ou non dans le sens du bien commun, si elle sert la paix ou bien la guerre, si elle répond à des besoins véritables ou bien à des besoins suscités artificiellement, si elle suppose ou non la spoliation de pays du tiers monde, etc., de même qu'il passe pour indécent de parler de la beauté du corps humain ou des plaisirs sexuels hors de toute référence à leurs aspects spirituels, à leur dignité et à leur finalité. De même aussi qu'il semble peu sérieux de prétendre aujourd'hui s'extasier devant la beauté d'un paysage sans que cela vous fasse prendre en considération la nouvelle vision de la nature fournie par la physique de notre temps et qui peut être le fondement d'une nouvelle conception de l'homme. Beauté sans bonté et sans vérité ? Progrès matériel sans morale ? Religion sans engagement ? Politiciens sans mandants ? Connaissance sans amour ? Malgré la prolifération de par le monde de mouvements se voulant parfaitement autonomes, malgré tous les gouvernements purement technocratiques, il est impossible de ne pas en venir à penser que les cloisonnements (divise et tu vaincras) sont l'œuvre de ceux qui sont bien en selle.

POUR UN SPIRITUALISME PAÏEN

Voilà justement la raison pour laquelle il faut à tout prix se rendre compte que les déclarations démagogiques selon lesquelles il faudrait séparer de l'art l'aspect « transcendantal » et « mystique » prétendument propre aux « avant-gardes classiques » font le jeu de nos cerbères familiers ; tout comme fait le jeu de ces gardiens de l'ordre l'idée que la jeunesse, qui n'a pas connu de guerre, ne veut pas entendre parler de « sujets graves », alors qu'il semble que ce soit précisément le contraire.

Ce sont à nouveau les grands anciens qui donnent le ton le plus juste, parce qu'ils sont à l'origine de la révolte de nombre de leurs cadets. Leurs jeunes lecteurs s'apercevront avec surprise que leurs écrits permettent de reparler aujourd'hui tout naturellement de la parenté de la « Beauté » avec le « Divin » et le « Poétique » ; ou même que l'on peut en appeler au témoignage d'un André Breton, à son intérêt pour les relations de l'art, de l'alchimie et de l'occultisme, pour montrer que ces questions, aujourd'hui débarrassées de leur odeur de soufre, et donc plus exactement appréciées, ont toujours été étroitement liées aux racines biologiques de l'homme, et qu'en fait elles sont la manifestation d'aspirations dont la connaissance peut constituer pour le développement et le progrès de l'homme une force motrice non négligeable. Ces Anciens, tout comme l'artiste, ont peut-être tué dieux et esprits depuis longtemps, mais ils n'en acceptent pas pour autant les complexes encore vivaces des héritiers des positivistes bouffeurs de curés. Ils ne se scandalisent plus des mots « transcendantal », « nouménal », « absolu » ou même « divin », ni d'une foule de symboles ou d'images empruntés aux mythologies, aux religions, ou même aux sciences occultes. Ils savent au contraire que ces formes symboliques, imaginaires, mythiques ou rituelles, plus ou moins dégradées ou dépouillées des superstitions qui s'y attachent, constituent des éléments réels de notre psyché (C. G. Jung), qui, aujourd'hui comme toujours, mais sous d'autres aspects, continuent à nous faire agir. Qu'elles ont donc plus à voir avec la science qu'avec les religions (pensons à toutes les propositions de la naissante « science du concret » dont nous parle Lévi-Strauss). Et un Ancien aussi peu suspect que Bertrand Russell, faisant allusion aux sentiments mystiques qui n'entrent pas en contradiction avec la science, accepta même ceux-ci comme un moyen pour que « l'esprit arrive à refléter toute l'étendue de l'univers ».

Ce n'est pas le moment de parler des possibilités de l'artiste contemporain dans ce domaine ; il y a sur ce sujet une abondante littérature. Mais il faut souligner en revanche que nous n'avons pas à nous étonner du fait qu'après l'utilisation séculaire à toutes sortes de fins et avec les résultats que l'on sait de l'habile formule distinguant le domaine de Dieu de celui de César (au même titre que tant de concepts qu'on nous présente toujours comme antinomiques : transcendance/immanence, esprit/matière, idéalisme/réalisme, raison/imagination, âme/corps, clerc/laïc...), il y ait eu parmi les artistes et les poètes d'avant-garde, et il y ait encore, par bonheur, dans de larges couches des jeunes générations, une profonde attirance pour les positions et pour les manifestations redécouvertes dans le spiritualisme antique, oriental notamment : dans le judaïsme primitif, le tantrisme érotique tibétain, le yoga, le bouddhisme Zen, etc. Et dans toutes les sagesses qui, loin des théismes et des dogmes rigides, proposent une vision plus ordonnée de la réalité et nous indiquent tout un monde de pratiques conduisant à un art de vivre autrement général et accordé à nos facultés que celui qui a cours dans notre Occident moderne, « civilisation » embrumée de guerres et de massacres, de surconsommation, d'égoïsme, d'essence, d'abrutissement télévisé, etc.

MYSTICISME STÉRILE

Prétendre, après cela, qu'il reste à *démythifier* l'art d'avant-garde parce que les problèmes qu'il soulève sont trop ésotériques pour les masses, qui n'y entendent goutte, c'est oublier que l'art d'avant-garde a précisément arraché le mythe au domaine du surnaturel et à ses chapelles, et donc, une fois de plus, donner dans le confusionnisme. De même que c'est faire preuve de confusionnisme que de prétendre que le pop' art a été une tentative de se mettre au niveau de compréhension du peuple ou qu'il « constitue le réalisme socialiste d'aujourd'hui » (Louis Aragon) ; ou de se croire progressiste parce qu'on conteste le théâtre de Joan Brossa. Peut-être, soit dit en passant, serait-il davantage d'actualité de se poser sur le pop' art, les happenings ou le Living Theater les questions que soulève Marcuse lui-même. D'après lui, ces manifestations artistiques se trouvent dans une impasse et sont de plus en plus intégrées au marché ; « car elles suscitent chez nous une identification immédiate aux acteurs et une reconnaissance chez les protagonistes de nos sympathies et de nos antipathies coutumières », ce qui laisse l'univers quotidien sauf de toute rupture, alors qu'un art d'avant-garde devrait précisément tendre à modifier et à surpasser la réalité quotidienne. Nous pourrions ajouter que ces mouvements, par un excès d'assimilation aux scènes et aux objets de la vie courante, ont, faute de l'indispensable distanciation artistique, tout perdu de leur valeur d' « icône ».

Cette conviction qu'il faut effacer du champ esthétique les « questions transcendantales » rejoint donc souvent la conspiràtion indubitablement rétrograde qui vise à mutiler l'art de son contenu le plus profondément humaniste, donc progressiste, pour le transformer en une pure technologie des surfaces, sans la moindre influence active sur la vie réelle et sur notre transformation intime, pourtant si nécessaire ; on devine aisément les conséquences sociales et politiques d'une telle mutilation de l'art.

Voilà pourquoi on trouve aussi, de façon plus ou moins consciente, cette sensation de stagnation et d'efforts esthétiques inutiles chez des auteurs qui ont acquis aujourd'hui une autorité tout à fait logique et méritée en matière d'art ou de poésie : ce sont des gens qui ont compris mieux que personne les ressources transcendantales de l'art, mais qui sur le plan théorique n'en acceptent pas les implications ultimes, car, par une sorte de « phobie politique », ils craignent que l'on tire de l'art des conséquences trop concrètes. Dans la pratique, cette stagnation apparaît clairement chez tous les artistes qui se sont dérobés aux responsabilités et aux engagements que le monde extérieur réclame impérieusement à chaque instant.

C'est cette crainte qui a fait dire parfois à certains que le « mysticisme à son plus haut degré » (qui, en art, ne peut être atteint que dans les toiles sans images et le plus vides possible) ne représente qu'une « submersion dans le néant que nous sommes », dans la « négation de l'univers », dans le « rejet de toutes choses », à commencer par nous-mêmes. et que les meilleures réalisations de l'art contemporain n'ont et ne doivent avoir d'autre signification que celle-là. C'est donc annuler ou reléguer à l'arrière-plan n'importe quelle autre signification de l'art, à contenu social par exemple, car cette mystique doit en toute logique tendre à un certain « anhumanisme ».

Il est difficile, lorsqu'on a reçu l'héritage marxiste, que l'on connaît le développement des foyers de révolte de par le monde, et même lorsqu'on vit dans une atmosphère post-conciliaire, de croire que ces points de vue aient aujourd'hui de la valeur, qu'il s'agisse d'art ou de mystique. Il est difficile à l'heure actuelle d'imaginer une mystique qui ne soit pas en même temps active, c'est-à-dire formant corps avec des positions éthiques dont les répercussions sur le témoignage social et politique sont, qu'on le veuille ou non, inévitables.

Même les grands classiques parfois invoqués comme les représentants par excellence de la « religion » de l'art pur, Plotin par exemple, nous disent que si le Bien n'a pas besoin de la Beauté, la Beauté, elle, a toujours besoin du Bien.

A l'esthète apolitique « épris d'absolu », on devrait rappeler avec ses propres arguments : « Si tu cherches Dieu, fais d'abord la paix avec ton voisin. » Et aujourd'hui, grâce à la facilité des communications, nos voisins se comptent par millions ; omettons ici les Vietnamiens, les populations du tiers monde, ou tous ceux qui quelque part tombent sous les coups des puissants, et considérons tous les malheureux que sous nos latitudes, et de façon beaucoup moins visible, « on exploite en les persuadant qu'ils désirent toujours plus et plus de biens, les amenant ainsi à confondre le bonheur avec l'accumulation de richesse » (Alan W. Watts).

MONDE ET TRANSCENDANCE

Il se trouve justement que les grands maîtres en questions « transcendantales » nous ont toujours montré l'autre face de la médaille : qu'il est nécessaire de descendre de la montagne, de revenir du désert, de quitter l'arbre de l'illumination, de sortir des bibliothèques de Londres ou de Zurich, et d'entrer dans le monde, que ce n'est qu'ainsi que l'œuvre du sage sera complète. (Et de grâce, ne faussons pas les choses en confondant cette entrée dans le monde avec le goût de la « mondanité », ne croyons pas que celle-ci demande que l'on fasse des concessions à ce qui n'est qu'apparence, ou goût de la majorité. L'histoire montre que les grands maîtres ont toujours été iconoclastes envers les valeurs et les coutumes prédominantes, et qu'ils ont même fait claquer leur fouet dans l'enceinte des temples.) L'Être absolu des mystiques est-il caché dans un au-delà ineffable, ou bien se trouve-t-il au cœur même du monde ? N'a-t-il pas été prêché que la suprême sagesse peut être justement de comprendre que le Samsarā — l'univers des naissances et des morts — est identique au Nirvanā ?

On nous dit que toucher la cible, c'est atteindre un véritable vide (ce qui n'est pas la même chose que le néant) ; ce dont il s'agit, c'est de nous vider des fausses conceptions, ce qui n'a jamais mené à l'éloignement du monde, mais au contraire à sa compréhension et à l'union avec tout, des galaxies les plus insondables au plus humble fagot. Ne pas reconnaître cela, c'est, me semble-t-il, s'arrêter à la moitié du chemin, dans un culte complaisant et inutile de ses propres blessures. Ce qui, par conséquent, ne représente pas le plus haut degré de ce que certains esthètes appellent la « mystique artistique » et que je préfère, avec d'autres intellectuels, appeler fin cognitive et éthique de l'œuvre d'art. C'est une fin qui renferme un désir de vivre et d'aider à vivre avec la plus grande intensité, c'est-à-dire avec la plus grande liberté.

XIV. ESCROQUERIES CULTURELLES

Le noyau central de ce texte fut publié en février 1970, dans la section « Lettres de bataille » de *Serra d'Or*, revue de l'abbaye de Montserrat, en langue catalane.

Mais mon pays, on
l'a pris aux cheveux...
Joan Brossa.

Au cours des dernières années s'est développée chez nous, selon une logique rigoureuse, une nouvelle mode critique, qui consiste à considérer les valeurs dites « purement plastiques » ou « purement littéraires » comme les principales, voire les seules valeurs de l'art ou de la littérature.

C'est ainsi que l'on peut aujourd'hui en

Espagne parler tout naturellement de certaines œuvres et en masquer la portée idéologique ; c'est le cas, pour prendre un exemple parmi bien d'autres, du *Guernica* de Picasso, dont on parle en escamotant toute référence à l'événement historique qui fut à l'origine de ce tableau. On peut ainsi en faire l'éloge sans la moindre gêne et même dire qu'il serait souhaitable de le faire venir à Madrid ; car selon ce style de critique, la seule chose qui compte dans l'œuvre, ce sont ses « valeurs plastiques ».

On a aussi pu observer ce phénomène à l'occasion de certains prix littéraires importants. Récemment, le prix « Ville de Barcelone » a été attribué à un livre catalan, et ce fut un spectacle étonnant que de voir le jury s'empresser d'expliquer qu'il n'avait choisi ce livre qu'en raison de ses « valeurs littéraires » ; car on n'attache pas la moindre importance aux idées politiques ou sociales que l'auteur a voulu communiquer.

Je ne sais s'il est besoin de dire que j'ai moi-même abondamment essuyé ce genre de panégyrique. Il permet à des critiques qui se situent aux antipodes de notre manière de penser de prodiguer des éloges (sans doute veulent-ils ainsi se mettre au diapason européen) dont nous ne pouvons qu'avoir honte. Mais en affirmant que seules les valeurs plastiques entrent en ligne de compte, on acquiert facilement une bonne conscience. (Il est clair au demeurant, que ni la personne ni les idées de l'auteur de ces lignes ne trouvent grâce ni crédit auprès de ceux qui chez nous tiennent le haut du pavé.)

Un autre exemple. Il y a peu de temps, j'ai eu entre les mains un petit livre qui va précisément dans ce sens, et qui prouve, semble-t-il, que l'affaire prend ouvertement un tour officiel. Il s'agit d'un livre plus ou moins de poche (lisez « contrôlé par les mass media »), qui a pour titre *Comprendre la peinture*[1]. L'auteur en est Carlos Areán, « chef de l'Action d'Information de la Direction générale de la Culture populaire et des Spectacles du ministère de l'Information et du Tourisme » et de plus, « Prix national de Critique d'art ». Il me semble utile de commenter cet ouvrage, non pas, tant s'en faut, en raison de son importance, mais parce que les réflexions qu'il suggère peuvent s'appliquer à tout le

1. Editorial Teide, Barcelone, 1969.

courant de la « pureté plastique » et révéler certaines des erreurs techniques et éthiques dont ceux qui le défendent ont à répondre.

On peut discuter de la théorie ; c'est pourquoi je ne m'étendrai pas sur la partie théorique du livre, encore qu'elle me paraisse d'un formalisme désuet, farcie de ces éternelles demi-vérités sur les composantes de la plastique pure, que même les Écoles des beaux-arts officielles commencent à renier. Je ne peux pas non plus énumérer toutes les erreurs, toutes les contrevérités ni toutes les omissions inexcusables que ce livre contient, car on n'en finirait pas. Mais je crois qu'il vaut la peine d'avancer les quelques remarques suivantes à titre d'échantillon.

L'auteur assure que son livre est destiné à faciliter l'accès à la peinture, celle de tous les temps, mais surtout, semble-t-il, la peinture contemporaine. C'est-à-dire qu'apparemment il donne à croire, comme d'autres fonctionnaires, qu'il veut combler le fossé qui, selon eux, sépare l'art du commun des hommes. Mais est-ce son but véritable? C'est ce que nous allons voir. L'œuvre comprend 115 pages de texte, 32 reproductions, accompagnées de longs commentaires en petits caractères, parfois tenant une page entière. A cela s'ajoutent les index, ce qui fait un livre de 185 pages. Eh bien, après les avoir toutes parcourues, j'ai dû constater avec surprise que dans ce livre, qui prétend présenter une interprétation « moderne » de l'art, il n'est fait aucune mention des mouvements qui ont le plus bouleversé l'art de notre siècle et qui nous ont montré de la façon la plus péremptoire que l'art authentique s'articule aux problèmes et aux aspirations des sociétés humaines. Je veux parler de ces mouvements qui ont nom Futurisme, Dadaïsme, Surréalisme et sans la connaissance desquels on ne peut évidemment pas comprendre l'art actuel, et encore moins, comme le fait notre auteur, en prédire l'avenir. Pour lui, ces mouvements tout bonnement n'existent pas. Non seulement il ne mentionne pas une seule fois les noms de Marinetti, de Tzara ou de Breton, qui en furent les théoriciens les plus connus, mais il semble même ignorer ceux des artistes de premier plan que furent Paul Klee, Kurt Schwitters, Marcel Duchamp, Max Ernst ou Jean Arp, pour n'en citer que quelques-uns. Mais le plus étonnant, le moins prévisible si l'on juge que ce livre est destiné aux Catalans, c'est que nulle part n'apparaît, même pas dans une note en bas de page, le nom de notre compatriote Joan Miró.

On pourrait, en faisant preuve de beaucoup d'indulgence, excuser toutes ces omissions, si l'ouvrage ne prétendait être autre chose qu'une simple théorie personnelle de la peinture, si elle n'entendait se recommander de l'autorité de titres ou de fonctions ; dans ces conditions, il me semble que n'importe qui a le droit de dire ce qu'il pense de l'art, sa pensée fût-elle des plus indigentes. Mais en fait, notre auteur dit dans la préface qu'une théorie sans histoire est un danger à éviter, et que c'est pour cela qu'il a « inclus la partie historique dans la partie théorique ». Et la chose s'aggrave si l'on pense qu'Areán disserte sur un ton d'objectivité pédagogique qui se pare de l'impérieuse devise de la collection : « Ce qu'il faut savoir. »

Cette obsession de la « plastique pure », cette volonté tenace d'imposer cette notion justifient que l'on s'arrête un instant sur les prophéties que l'on trouve à la fin du livre.

On verra qu'il y a dans cette esthétique « gouvernementale » des thèmes que naguère chérirent certains intellectuels appartenant à la bourgeoisie barcelonaise [1].

Areán nous assure, et il n'est pas le premier à le faire, que dorénavant l'art « sera représenté exclusivement par le travail de l'ingénieur, de l'urbaniste et de l'architecte ». Et il ajoute qu'il serait temps pour l'artiste de comprendre qu'il doit se joindre à la « seconde intégration occidentale des arts » laquelle verra « notre art redevenir unitaire, comme aux époques les plus fécondes du Moyen Age occidental chrétien ». Je suppose que point n'est besoin de souligner ce que ces théories ont d'illusoire comparées aux luttes idéologiques ou politiques du monde actuel. Il n'est pas davantage besoin de commentaires pour comprendre comment dans le cas qui nous occupe on veut faire prendre pour l'évolution naturelle de l'art le souhait d'hommes qui, gênés que l'art soit un moyen de communication indépendant, voudraient le voir, comme toutes choses, soumis au contrôle le plus strict de l'Ordre en place. Et ils ne ménagent pas leurs efforts en ce sens, tant

1. Voir le chapitre x, « Deux académismes : art socialisant et art intégré. »

en déformant l'histoire qu'en cachant au peuple — puisqu'ils prétendent maintenant faire de la culture populaire — les mouvements et les artistes qui se sont préoccupés de lui de la façon la plus profonde.

A la vérité, il n'y a pas là grande nouveauté. Alors qu'on ne disait pas encore que la culture doit être populaire, celle-ci était déjà « transmise » selon les mêmes procédés. Ou bien croit-on qu'on nous ait jamais appris, dans les collèges privés, que les idées de Baudelaire ou de Rimbaud sur la vie (ne parlons pas de celles de Karl Marx) étaient positives ?

Il ne faut pas perdre de vue que les aberrations (je ne trouve pas de terme plus approprié) proférées sur le thème de la plastique pure ont une explication. Je parlerai de la peinture, puisque c'est le domaine qui m'est le plus familier. Au début du siècle, lorsque la peinture se dégagea du naturalisme et de ses sujets, il y eut de par le monde un grand mouvement tendant à reconnaître et à récupérer les éléments expressifs essentiels. Certains peintres formèrent peu à peu tout un vocabulaire à partir de ces éléments fondamentaux, et comme toujours, toute une série de nouveaux académiciens se mirent à le codifier et à le fixer : les formes peuvent atteindre tel extrême, prêchait-on, les couleurs tel autre, le reste est littérature, philosophie, morale, etc. Ainsi, la mode fut à un nouveau style d'esthétique, qui traitait l'art comme le naïf qui cherchait l'oignon après avoir détaché une à une toutes les pelures.

Cette doctrine a évidemment fait partout long feu. Mais il était fatal que cette esthétique arrivât dans notre pays « en voie de développement » avec le retard habituel — qu'elle y fasse encore beaucoup parler d'elle. Elle a surtout donné des titres de modernité et d'intellectualisme dernier cri au secteur de la critique le plus proche de l'académisme et de la sclérose bureaucratique qui, consciemment ou non, jouent en faveur de la stabilité.

Mais tout le monde, et surtout la jeunesse, sensible au ridicule des voiles rhétoriques derrière lesquels on veut toujours nous cacher ce qui est réellement important, se gausse de la phraséologie du « jeu chromatique », de l' « impact de la composition », du « sens de l'exécution » ou de la « dramatisation texturale ». J'imagine que le jargon des valeurs littéraires pures suscite la même hilarité.

Il est apparu à l'évidence, bien que chez nous ce dogmatisme n'ait pas rendu les armes, qu'en matière d'art on ne peut parler de valeurs qu'à propos du résultat final des composantes plastiques, à propos de *ce que dit* ce résultat. On a voulu nous faire prendre pour des valeurs, ce qui n'est qu'ingrédients de l'art, alors que ce qui a toujours réellement compté, ce sont la pensée ou les sentiments que l'auteur a voulu nous communiquer. J'ai parlé des ingrédients de l'art, mais les courants artistiques les plus récents ont montré que l'on peut aussi faire de l'art avec l'anti-art c'est-à-dire avec des éléments qui ont fort peu à voir avec ce chromatisme, cette composition, cette facture ou cette texture qui chez nous passent encore pour les signes de la modernité.

Continuer à cacher de façon systématique que la valeur d'une œuvre réside dans sa signification idéologique et dans le jugement qu'elle porte sur la vie et sur la société constitue une escroquerie culturelle caractérisée. Nous savons que les bonnes idées et les bonnes intentions ne suffisent pas, et que pour qu'un discours soit perceptible, il doit procéder d'éléments sensibles. Mais de là à croire que les idées que ces éléments nous transmettent sont sans importance, il y a un abîme. Une telle affirmation est le signe ou d'une totale ignorance, ou d'une absolue mauvaise foi.

Il est clair aussi que les confusions et les malentendus servent toujours l'opportunisme des pêcheurs en eau trouble. Les opinions émises de toutes parts contre l'idée d'œuvres d'art indépendantes finissent par faire le jeu de ceux qui voudraient que plus personne n'ait d'idées différentes de celles que dictent les États. Il leur serait commode que dorénavant l'artiste ait un statut semblable à celui de l'architecte ou de l'ingénieur ; que pour exercer, il lui faille recevoir une formation professionnelle, entrer dans des associations corporatives ; que pour la réalisation de chaque œuvre, il doive solliciter des services municipaux, des bureaux d'urbanisme officiels ou de la préfecture des autorisations en bonne et due forme.

Une estampe japonaise, une aquarelle de Klee, une série d'eaux-fortes comme celle qu'a exécutée Picasso sous le titre *Songe et mensonge de Franco*, une impertinence de

Picabia, un poster avec des citations du Che, des éléments de l'art pauvre, ou tout simplement un tableau de Miró : autant d'œuvres qui ne trouvent bien évidemment pas place dans les constructions des tenants de la plastique pure. Car elles ne « font pas joli ». Elles gênent. Dans la société mondiale dont ils prétendent préparer l'avènement, on ne permettra certainement pas de telles incongruités esthétiques.

XV. SUR QUELQUES TEXTES DE MARCUSE

Ce texte a été écrit en janvier 1970, en réponse à certains propos de Marcuse sur l'art nouveau, parus dans *L'Homme unidimensionnel* (Éd. de Minuit, Paris, 1968), *Vers la libération* (Éd. de Minuit, 1969) et surtout dans *Die Gesellschaft als Kunstwerk* (Neuen Forum, 1967).

Ces derniers temps, les prédictions sur l'avenir de l'art ont fleuri dans mon pays. Souvent, elles s'appuyaient sur des idées d'Herbert Marcuse, ce qui n'étonne pas. On s'est fondé sur son « autorité » pour déduire de son affirmation selon laquelle l'avenir de l'art réside dans telle ou telle conception, que ces conceptions représentent nécessairement les tendances les plus modernes de la création artistique. Et en effet, Marcuse donne l'impression de se borner à reprendre les conceptions des artistes les plus avancés qui, selon lui, « contestent » l'essence même de l'art, luttent pour sa « liquidation historique » et pour son entrée dans le processus technique de production matérielle — c'est-à-dire industrielle — afin d'arriver à façonner notre cadre de vie.

Il n'est pas question ici d'analyser à fond, de discuter dans le détail, voire de prendre trop au sérieux ces « hypothèses de travail » marcusiennes. Nous avons toujours apprécié le fait que des poètes ou des littérateurs de talent écrivent sur la peinture ou sur la sculpture des pages « brillantes » (c'est le terme généralement employé) ; on éprouve parfois du plaisir à les lire. Mais il faut bien dire en revanche que (sauf honorables exceptions) presque toutes les thèses universitaires sur l'art, et elles fourmillent, nous semblent dénuées de force, d'intérêt, et surtout qu'elles n'ont aucun rapport avec la réalité et avec l'art.

Mais ce n'est pas un phénomène nouveau. Chaque fois que nous avons essayé de lire ce qu'ont dit de l'art certaines « importantes personnalités intellectuelles » du passé, nous avons éprouvé la même sensation de gratuité et d'ennui. Je me souviens entre autres d'un texte de Ramón y Cajal qui, malgré tout le respect que l'on doit à ce grand savant, constitue un « morceau » de critique d'art presque invraisemblable. Ses invectives, parfois cruelles, contre les « dégénérescences » de l'art moderne ressemblent à tel point à des anathèmes tristement célèbres que nous préférons les imputer à ce manque de sensibilité fréquent chez certains intellectuels ou à l'admiration béate que suscitait alors tout ce qui était germanique. Quel que soit son degré de sensibilité ou de culture chacun aujourd'hui se rend compte du grotesque des attaques enflammées de Ramón y Cajal contre Cézanne, Matisse, Kandinsky, Picasso ou Miró ; surtout quand le texte auquel je me réfère date de 1934, époque à laquelle fut publié le célèbre numéro de la revue *D'aci i d'allà* consacré à l'art nouveau. Mais le plus ridicule hélas, les « connaisseurs » n'en ont pas encore tiré la leçon), ce sont ses prédictions sur ce qui devait suivre ces « aberrations » qui devaient, d'après lui, rapidement passer de mode. L'avenir, c'était des gens qui s'appelaient Garnelo, Bilbao, Nieto, Benedito, Hermoso...

et qu'il semblait tenir en grande estime.

Il est préférable, ne serait-ce que pour abréger, de jeter un voile sur les écrits d'Ortega y Gasset, sur ses théories de la déshumanisation de l'art nouveau, aujourd'hui illisibles. Et ne parlons pas non plus du fameux retour au classicisme prophétisé il y a déjà plus d'un demi-siècle par Eugenio d'Ors, et que nous attendons encore.

Eugène Ionesco, qui voit le problème de l'intérieur, a fait, avec sa verve habituelle, une description fort plaisante de l'évolution de la critique littéraire, qui me paraît s'appliquer aussi très bien à la critique d'art. Autrefois, dit Ionesco, la critique littéraire dépendait des œuvres de création, et tout naturellement, le critique recueillait le plus consciencieusement du monde les déclarations et les points de vue du poète sur sa propre œuvre ; il demandait des explications, sollicitait des éclaircissements. Aujourd'hui, le critique, universitaire en particulier, devenu mégalomane, considère le créateur comme un individu totalement inconscient, amorphe, auquel non seulement il ne faut pas demander d'explications, mais dont les explications qu'il pourrait donner de lui-même doivent être systématiquement négligées. L'écrivain (ou l'artiste) est un monsieur qu'il faut démystifier. C'est un inconscient. Il ne comprend rien à rien. Le nouveau critique, scientifique et universitaire, est la seule personne qu'il n'ait pas besoin de démystifier, car il est le seul à être lucide, il est le démystificateur suprême. Ainsi, après avoir cru que l'activité critique était au service des œuvres d'art, après l'avoir placée sur le même plan, comme un genre littéraire indépendant, on en est arrivé, dit Ionesco, à penser que les œuvres de création n'ont même plus besoin d'exister, que l'on peut parfaitement écrire des livres d'esthétique littéraire (ou artistique) et se soucier comme d'une guigne des œuvres et de leurs auteurs.

Mais le problème du marcusianisme appliqué à l'art me semble aller encore plus loin. Aujourd'hui, il arrive que lorsqu'on veut défendre une théorie esthétique, on opère une sorte de repli stratégique et on adopte le système subtil qui consiste à prétendre qu'on ne fait que décrire objectivement ce que désirent les artistes et le public qui, bien sûr, n'ont jamais été consultés. On sait que ce système a donné d'excellents résultats, en particulier dans certains gouvernements. Ceux-ci ne doivent jamais laisser entendre qu'ils veulent imposer quoi que ce soit, mais au contraire que ce sont les désirs du peuple qui guident leur action. Et à force de le répéter, ils finissent par faire des convaincus.

Les idées de Marcuse sur l'avenir de l'art reposent-elles vraiment, comme on semble le croire, sur des désirs réels ? Ou bien ont-elles au contraire pour fonction d'influencer ceux qui les ont brandies comme des bannières ? Je pense, par exemple, aux partisans du *good design, good business*, dont parle Rafael Santos avec beaucoup de justesse.

Marcuse, pour démontrer l'existence chez les créateurs actuels d'une « tendance massive » à vouloir conduire l'art à l' « autodestruction » et le faire entrer dans le processus industriel (dont il aime tant parler), n'invoque pratiquement qu'un exemple : celui du peintre Otto Freundlich. Personne ne peut nier que Freundlich ait été un artiste de grand intérêt, et qui humainement mérite l'estime. Il fut, entre autres, l'un des martyrs des chambres à gaz de Maidanek en 1943. Et bien que les générations actuelles l'ignorent totalement, il est juste de rappeler qu'il compte sinon parmi les inventeurs, du moins parmi les pionniers de l'art non figuratif, auquel il se consacra avec une grande pureté et une grande élévation d'esprit sans jamais perdre de vue la mission sociale de l'art. Il fut l'ami de Picasso, et tout au long de sa vie, il exposa des tableaux (je dis bien des tableaux) aux côtés de bien des peintres aujourd'hui plus célèbres que lui. Le fait que comme beaucoup d'artistes il se soit intéressé, notamment à l'intérieur du groupe Abstraction-Création, à l'idée d'articuler l'art et la vie de la société n'a rien à voir, du point de vue de l'histoire de l'art, avec la volonté d'« autodestruction » dont parle Marcuse. A moins qu'il n'y ait confusion avec le fait que ses positions en faveur de l'art indépendant ont valu à Otto Freundlich l'honneur d'être l'un des peintres dont les nazis détruisirent des toiles, et l'honneur insigne de voir une de ses œuvres orner la couverture du catalogue de l'exposition organisée par Hitler à Berlin sur « l'art dégénéré ». Du point de vue des nazis, comme de tous les dictateurs, aux idées esthétiques particulières, Freundlich fit en effet tout son possible pour *s'autodétruire*, c'est-à-dire pour ne pas collaborer et pour ne pas se soumettre à leurs diktats. Mais nulle trace de la volonté de « liquidation historique » de l'art qu'on veut lui faire endosser.

Bien sûr, nous pourrions nous-même étoffer un peu les exemples de Marcuse, et parler d'artistes qui s'opposèrent à l'art. Mais il nous serait facile de convaincre le lecteur que beaucoup de ceux qui ont crié « mort à l'art » ont en fait continué à faire de l'art. Nous pourrions à cet effet évoquer l'expérience, déjà historique, du mouvement Dada, et souligner l'évolution postérieure de ceux qui en firent partie ; car il ne faut pas confondre le phénomène Dada, qui ne dura que quelques années, et la personnalité des hommes qui l'animèrent, l'œuvre qu'ils ont réalisée et que certains d'entre eux continuent à réaliser.

Dans le champ de la littérature, Marcuse ne cite guère pour attester l'existence de symptômes d'un changement « destructif » que l'exemple de Samuel Beckett, et encore lui reproche-t-il de continuer pour l'instant à faire de l'art.

Après avoir produit ces quelques exemples, bien ambigus comme on a pu le constater, Marcuse assure que « cela suffit à indiquer la transformation fonctionnelle radicale de l'art ». Quant à la littérature, on voit mal en quoi pourrait bien consister cette transformation. Il serait intéressant de le savoir. Doit-elle, comme l'art, entrer dans le cycle industriel ? Et la musique ?

En fait, on trouve souvent cette ambiguïté chez Marcuse : fait-il des descriptions objectives, ou bien agit-il en propagandiste militant ? Considérons par exemple les révoltes d'étudiants : Marcuse semble ne leur avoir servi que de porte-parole, mais il est cependant certain qu'il a aussi voulu les influencer ; et il l'a fait parfois. L'entreprise marcusienne de description critique et « objective » aussi bien du néo-capitalisme américain que du communisme soviétique semble n'avoir parfois servi qu'à renforcer les positions de ceux qui, déçus, mènent campagne contre le marxisme. Dans le champ culturel, personne ne peut dénier à Marcuse le mérite d'avoir repris certaines idées du groupe surréaliste, en particulier celles de ses membres les plus politisés, Pierre Naville et Louis Aragon qui, dès les années vingt, lancèrent la thèse, développée aujourd'hui par Marcuse, de la « tolérance répressive ». Il est très important que Marcuse ait repris et actualisé ces idées-là : c'est un moyen pour la jeunesse, qui en a grand besoin, de comprendre la signification exacte de l'abondance que l'on veut introduire sans discrimination dans le monde de l'art. Il est difficile d'affirmer que si les idées de Marcuse ont servi à étayer certaines propagandes, lui-même n'en ait pas été conscient. Mais ce qui est sûr c'est que des tiers en ont tiré profit.

Il est amusant de penser que l'on a pu prendre au sérieux les exemples fournis par Marcuse à l'appui de sa théorie de l'évolution de l'art ; il apparaît pourtant si clairement qu'il a procédé de façon superficielle et que son argumentation est bien peu historique et scientifique.

Pour démontrer la nécessité d'en finir avec ce qu'il tient pour un art au service de la société répressive, Marcuse prétend que l'art a toujours été suspect d'accointances avec le pouvoir. Et il nous explique que de tout temps, le *grand art* s'est fort bien accommodé des réalités horribles dont il était entouré. Un exemple ? Le Parthénon, construit dans une société d'esclaves. Cette analyse, on le voit, fait à la subjectivité la partie belle. Je ne crois pas que des connaissances historiques très vastes soient nécessaires pour savoir que dans la Grèce ancienne, personne, à part les esclaves bien entendu, ne songeait à se plaindre de l'esclavage, pas même les défenseurs les plus acharnés de la liberté et de la démocratie. Marcuse donne un autre exemple : les paysages idylliques peints par les Impressionnistes au beau milieu des misères que Zola décrivait dans *Germinal.* Ce jugement discréditerait n'importe quel critique d'art, mais on applaudit Marcuse. Il est possible qu'aujourd'hui on trouve les paysages impressionnistes idylliques. Mais pour peu que l'on se soit intéressé à cette période de l'histoire de l'art on sait parfaitement que les contemporains de Claude Monet, lorsqu'ils virent ses tableaux pour la première fois, en jugèrent tout autrement. Ses fameuses *Cathédrales*, ses *Nymphéas*, provoquèrent dans les esprits de la fin du siècle un trouble profond, et chacun sait qu'ils furent pour beaucoup dans le renouveau que connut alors la vision de la réalité. Il fut nécessaire de revoir dans un sens progressiste bien des conceptions de la nature alors unanimement acceptées. Voilà qui est indubitable, à moins que l'on ne considère comme progressiste que la peinture naturaliste en forme de pamphlet. L'erreur commise par Marcuse s'explique en fait par l'idée restrictive qu'il a de l'art moderne : il ne sait en voir que les aspects les plus superficiels, les formes de révolte pamphlétaires. Si nous lui avons toujours su gré d'avoir, même avec retard, souligné le rôle hautement critique et subversif de l'art d'avant-garde depuis Dada, rôle que bien des gens niaient, force est de constater que, bien qu'apparemment plus ouvert, il est tombé dans les mêmes travers que ceux qui ont une vision purement sociologique de l'art. L'art nouveau a certes joué un rôle de révélateur important, par la critique et la caricature de la société actuelle, mais il faut savoir qu'il a aussi formulé beaucoup de propositions positives et ouvert des perspectives nouvelles. Qu'il s'agisse des grandes questions métaphysiques ou des problèmes moraux, il a fortement contribué, au-delà de la simple critique, à la formation chez l'homme d'aujourd'hui d'une nouvelle mentalité constructive.

J'ai l'impression que pour Marcuse, comme pour beaucoup de gens, l'art nouveau continue d'être cette apocalypse, cet effondrement général, cette dégénérescence totale que les conservateurs, avec leur logique de myopes, redoutent tant. Mais Marcuse, à la différence de ceux-ci, n'est pas réactionnaire. Peut-être souhaite-t-il, avec les partisans « illuminés » de la destruction purificatrice, que tout sombre une fois pour toutes. Sans trop faire le détail. Si on ajoute les espoirs qu'il fonde sur le super-paradis industriel, rédemption finale promise par son utopie, on ne s'étonnera pas qu'il soit convaincu qu'après le « chaos esthétique » actuel, l'artiste se laissera docilement enrôler dans le monde de la technique ; car n'ayant plus rien à critiquer, il n'aurait guère d'autre mission à remplir.

Mais le plus cocasse, c'est le corporatisme littéraire de Marcuse (dans le sens de ce que décrivait Ionesco). Il se manifeste quand il nous explique que la peinture s'entend bien avec l'ordre (sans d'ailleurs préciser de quel ordre il s'agit). Toute œuvre d'art est achevée, dit-il, elle n'a d'autre fondement qu'elle-même, elle est rassurante, consolatrice, nous réconcilie avec la vie. Et cette proposition vaut pour l'art abstrait le plus radical. Toute œuvre d'art est une pièce de musée en puissance. Et d'ajouter qu'en littérature, les œuvres authentiques ne présentent jamais ce happy-end, propre à la peinture, car elles sont hantées de malheurs, de violence et de désespoir, que le peintre, lui, aurait toujours ignorés. Et il faut en conclure, comme toujours, qu'il est temps d'en finir avec les privilèges de l'artiste et que celui-ci doit tout abandonner pour entrer humblement dans la vie, c'est-à-dire dans le travail industriel. Et ainsi, nous ferons un monde nouveau. Bien sûr, Marcuse s'empresse ensuite, comme toujours, de préciser que tout cela ne sera possible que lorsque l'art et la technique seront libérés de leur servitude vis-à-vis de la société répressive qui, dit-il, domine actuellement toutes les tendances existantes ; bref, rien ne sera possible que lorsque nous aurons pénétré dans sa merveilleuse société utopique, société dans laquelle tous les conflits auront disparu.

Je ne sais s'il est besoin de répéter que bien avant Marcuse, l'artiste authentique connaissait cette nécessité de ne jamais se séparer de la vie. Mais dans ses œuvres, il se préoccupe de la vie réelle, de celle que nous menons et transformons ici et maintenant ; il ne voit guère d'intérêt à imaginer ce que l'art sera ou ne sera pas dans un futur marcusien non seulement lointain, mais même de plus en plus douteux. Il pouvait mener à bien son entreprise sans les sermons des sociologues de l'art dirigé, de quelque bord qu'ils soient.

En donnant à croire, de façon ambiguë comme toujours, que Marcuse a découvert aussi cette vérité détonante, la nécessité des liens entre l'art et la vie (pour lui, la vie industrielle, bien entendu), on ne fait qu'accroître les confusions qui, en grande partie à cause de lui, se sont répandues dans le monde. Beaucoup de jeunes, à la recherche d'une voie nouvelle et révolutionnaire, ont cru qu'ils devaient se mettre à contester et à combattre des artistes et des mouvements qu'ils croyaient récupérés par le système, et dont en réalité, depuis Dada, les buts sont les mêmes que les leurs. Je n'en veux pour preuve que le fait que les artistes et les critiques contestataires de mai 1968, après s'être mieux informés, revinrent à une vision plus réaliste des choses et rejetèrent certaines des idées qu'ils avaient défendues.

Chez nous, ces absurdités et ces contradictions trouvent un terrain favorable dans l'absence dont nous souffrons de véritable vitalité culturelle, dans la suffisante ignorance de ceux qui abandonnent leur domaine sans connaître celui du voisin. Il est lamentable qu'on n'ait pas su tirer la leçon des expériences passées et qu'on se laisse entraîner ainsi dans des divisions et dans des querelles inutiles, dont en fin de compte tirent profit, comme toujours, « les princes qui nous gouvernent ». A moins que tel soit justement le but visé ; c'est l'impression qui se dégage parfois de la prose de certains sous-produits intellectuels, publiée dans la presse de mon pays.

XVI. RIEN N'EST MESQUIN

Le titre de ce chapitre, écrit en février 1970, est celui d'un texte du poète catalan Joan Salvat-Papasseit (1894-1924).

... car pour renaître il vous faut mourir.

Joan Salvat-Papasseit.

On nous pose souvent ces questions fatidiques : « Qu'est-ce que ça représente ? Pourquoi avez-vous fait ces taches, qu'avez-vous voulu dire ? Croyez-vous que ces raies, que les matériaux que vous employez, permettent au public de comprendre vos idées ? »

Généralement, nous ne répondons pas, car nous butons sur l'impossibilité de résumer en quelques mots, difficiles à choisir, cela même que nous avons mûri durant de longues années. Ainsi la réponse de Mallarmé à la demoiselle qui, ayant pourtant fait l' « effort » de passer plusieurs heures à le lire, ne l'avait pas compris. Et puis, nous nous disons aussi que ce n'est pas notre travail, qu'il y a pour cela des exégètes et des critiques d'art. Mais devant l'insistance de tant de gens de bonne foi, le remords nous prend et nous pousse à parler.

Mais l'entreprise présente encore d'autres difficultés. Les questions qu'on nous pose portent généralement sur une œuvre précise, ou même sur un détail, ou sur un signe. Or aujourd'hui, je l'ai dit maintes fois, le sens d'une œuvre ne se trouve pour ainsi dire pas dans l'œuvre elle-même, car celle-ci est en relation avec beaucoup d'autres œuvres, du même auteur ou d'autres auteurs. Expliquer une œuvre c'est donc en quelque sorte faire l'histoire de l'art contemporain.

Mais malgré ces difficultés, on peut tenir la gageure. Je peux l'affirmer, car certains auteurs ont fait de mes œuvres des analyses fort intéressantes, qui ont recueilli de ma part une adhésion sinon toujours totale, du moins partielle.

En fait il est possible de tout analyser, même les œuvres les plus abstraites. Les quatuors de Beethoven, par exemple, ont suscité des exégèses qui remplissent des livres entiers. Mais il est facile de constater qu'il est souvent nécessaire dans le commentaire de mettre en rapport certains passages entre eux, de comparer un mouvement avec celui qui le précède ou qui le suit, un opus donné avec tel ou tel autre, ou même toute l'œuvre de Beethoven avec celle de Haydn ou de Mozart. Là aussi, l'émotion est fonction autant de l'œuvre elle-même que du contraste provoqué par d'autres émotions. C'est ainsi qu'un thème lyrique prend son sens s'il vient après un thème tempétueux ou épique, qu'un thème animé de passion est plus ardent si on l'a fait précéder d'une mélodie calme ou sereine.

Moi-même, je n'aurais jamais cru qu'on pût commenter intelligemment une œuvre aussi aérienne et impalpable que la fameuse cavatine du quatuor en *si* bémol majeur du « maître de Bonn ». Et pourtant cela a été fait, et fort bien. Là aussi, on peut vérifier ce que j'avançais plus haut : là aussi, il a été nécessaire d'expliquer que c'est justement grâce à la violence de la *danza tedesca* qui précède que l'*arioso dolente* produit son effet et que c'est les parenthèses d'ombres du milieu qui permettent la lumière du final. Curieusement, sans aucune référence apparente au concret, tout est parfaitement expliqué : les plaintes du violon opprimé par le violoncelle et les battements du cœur sous un fond continu ; les soupirs et les cadences féminines du second violon, les appoggiatures et l'harmonie longue et feutrée, etc. Bien sûr, nous ne savons pas toujours si l'explication est bonne parce qu'on a déjà compris le quatuor auparavant, ou bien si le quatuor sera plus compréhensible après l'explication. Mais reste le fait que rien n'est impossible et si on nous y pousse un peu, nous pouvons aller (ne serait-ce que pour faire plaisir à notre ami cubain Carlos Franqui, poète révolutionnaire et d'avant-garde, qui dit qu'il faut tenter de donner *une piste* au peuple) jusqu'à parler de certaines de nos propres œuvres, même si nous avons le sentiment de jouer à un jeu dangereux, et d'omettre toujours le plus important.

Je ferai donc cet effort, en pensant à ceux qui me l'ont si souvent demandé. Je veux aussi les convaincre que si mes explications changent peu de choses, ce n'est pas grave, que tout cela n'a en fin de compte qu'une importance relative. Il est possible aussi que les difficultés de l'analyse me détournent de mon projet initial et qu'au bout d'un moment on ne sache plus de quelle œuvre il est question. Et puis surtout, il faut considérer que si on n'entre pas dans le « jeu » avec un état d'esprit particulier, il n'y a pas d'explications qui vaillent et qui ne provoquent autre chose que de l'ennui.

Ce dernier point est fondamental et constitue en réalité le premier pas de l'analyse. Il s'agit d'un état d'esprit semblable à celui qui est nécessaire pour assister à une séance de prestidigitation ou de magie. Comme le dit Olivier Lacombe, l'image des tours de passe-passe du magicien est d'un grand secours pour expliquer les « pouvoirs » de l'artiste, car dans un cas comme dans l'autre, on trouve les mêmes problèmes de la *présence* et de l'ambiguïté entre le réel et l'irréel. Et si on ne se laisse pas séduire par les tours de passe-passe qui constituent la convention appelée *art*, l'expérience ne vaut pas d'être poursuivie.

Il n'y a qu'à voir ce qui arrive au spectateur qui va assister à une séance de prestidigitation avec pour seule préoccupation de découvrir les trucs du magicien. Plus il connaît de trucs et plus le spectacle lui paraît stupide, car tout cela n'est en réalité absolument rien : c'est une pure illusion, faite pour réjouir les innocents qui s'y laissent tromper. Voilà ce qui est plaisant, et voilà la poésie. Ce cérémonial, ces gestes, ces couleurs, cette pureté élémentaire qui consiste à montrer que les choses sont là, et qu'elles n'y sont plus, que les animaux et les objets se transforment en restant eux-mêmes, qu'ils se multiplient, se fondent, croissent et décroissent. Que les poissons deviennent oiseaux, que le vide d'une malle devient jeune princesse, que des fleurs poussent sous le souffle d'un éventail, ou qu'une pluie de pièces de monnaie tombe du nez des plus sceptiques.

Les Orientaux, une fois de plus, en savent long en cette matière. Les Japonais, savent fort bien que pour qu'un objet d'art remplisse sa fonction, il doit être entouré d'une certaine solennité, d'un certain mystère respectueux. C'est pourquoi ils gardent tous leurs objets cachés et ne les sortent que lorsqu'on est disposé à leur accorder l'attention qu'ils méritent. Alors apparaît tout d'abord un coffret de bois, admirable dans sa simplicité, et qu'il faut contempler. Puis on en tire un paquet enveloppé dans un tissu précieux, plié et noué avec un art raffiné. L'admiration accroît le mystère et la hâte de voir. Et l'on éprouve l'émotion de voir, comme pour la première fois, la pure existence des choses. Une nouvelle enveloppe, et après ce long suspens nous apparaît toute la beauté d'une fragile porcelaine, éblouissante en sa simplicité. L'objet est un cosmos, l'univers fait présence, et il faut, comme en un rite, l'isoler de tout en le déposant sur une sorte d'autel. Il faut s'asseoir devant lui avec dévotion et méditer pour découvrir tout ce que son auteur y a mis d'intimité et de grandeur, de sentiments et d'idéaux. Et puis la condition éphémère et fragile de la porcelaine (comme du papier ou de la soie des peintures orientales, comme de l'art du bouquet) a une grande importance, car elle stimule nos soins amoureux, notre attention vigilante ; elle nous incite à aimer les choses dans leur précarité, à comprendre qu'elles sont vouées à l'altération.

C'est sans doute parce que moi aussi j'éprouve cet amour des choses fugaces que j'ai toujours trouvé absurde tout ce qui dans l'art occidental représente le contraire : l'abondance ou la fabrication en série, les matériaux trop solides ou trop « techniques ». Et c'est peut-être parce que je crois au « rituel » de la contemplation — du savoir lire — que je trouve étrange que l'on veuille, comme on dit aujourd'hui, faire descendre l'art dans la rue, c'est-à-dire lui faire perdre ce qui est un de ses ressorts fondamentaux, son caractère de jeu conventionnel.

Pour les tenants du scientisme, de la technologie de l'abondance, de l'accumulation, de la précipitation asservissante (Occidentaux qui ne savent que « deux et deux font quatre ») tout cela doit certainement être difficile à croire. Que dans un simple morceau d'argile on puisse voir tout l'univers...

Tout d'abord, nous ne savons plus voir les choses, ou nous n'en n'avons plus le temps. Nos sens glissent sur le trop-plein de préoccupations, de couleurs, de mouvements et de bruits dans lequel nous vivons. Nous devons conquérir et apprendre l'essentiel : pouvoir et savoir contempler, pouvoir et savoir nous concentrer sur ce que nous faisons, avoir du temps pour méditer, avoir dans notre vie un minimum de dignité et de liberté, et suffisamment de loisirs. Nous n'avons pas encore chez nous cette pièce que les Japonais appelleront *tokonoma*, dans laquelle ils isolent et mettent en valeur leurs objets d'art, qu'ils considèrent avec une sensibilité formée depuis des temps immémoriaux. Il est certain qu'en dépit de notre vulgarité occidentale et de notre grossièreté de spectateurs pressés, beaucoup d'entre nous apprennent intuitivement à se placer dans cet état d'accueil nécessaire pour recevoir le choc de l'œuvre d'art et pour éprouver les associations d'idées en chaîne qui constituent l'émotion artistique. Mais ce qui en Orient est, ou a été, relativement commun semble ici n'être qu'une aptitude réservée à quelques privilégiés.

Enfin... supposons de toute façon que nous sommes capables de faire le premier pas, d'entrer dans une galerie ou dans un musée dans l'état d'esprit que je viens de décrire. Sinon, il ne vaut pas la peine de continuer. Maintenant, considérons une de mes œuvres, car je suppose que le lecteur commence à se demander comment je vais m'en tirer. Nous allons prendre une œuvre « difficile », cela sera plus amusant, une œuvre qui a été discutée et dont quelqu'un m'a dit qu'en dépit d'un préjugé favorable à mon égard, il lui était impossible d'y voir quoi que ce soit. Il s'agit d'un tableau fait avec du crin végétal, des espèces de filaments de paille très frisés dont on se sert pour remplir des matelas. Il s'intitule *Paille et bois*.

Que le lecteur ne perde pas courage en se rappelant que j'ai dit que l'on comprend mieux les choses si on peut les rapprocher les unes des autres ; il ne faut pas oublier que chaque œuvre rend un « son » particulier, présente un caractère propre qui la distingue des autres. Je dis cela pour qu'on ait à l'esprit que je parle d'une œuvre précise, donc d'une partie de tout ce que j'ai dit au cours de ma vie de travail. Mais l'entreprise reste cependant difficile, car j'ai utilisé la paille dans beaucoup de tableaux qui se complètent les uns les autres, la confrontation permettrait certainement de mieux comprendre celui qui nous occupe. Moi-même, je crains que de les avoir à l'esprit me fasse trop généraliser alors que je ne veux parler que de l'un d'entre eux.

J'imagine que pour un spectateur non averti, la plus grande surprise doit être de se trouver face à cette espèce de tas de paille, dans un lieu, la salle d'expositions, où il y a encore peu de temps on allait voir des choses plus « importantes ». Si le spectateur a accepté de se livrer avec confiance à nos « manipulations », il verra bien entendu que l'artiste a voulu délibérément faire de l' « art » (car cette paille est assemblée en un tableau, placé dans un lieu où l'on présente habituellement de l'art, et non entassée dans une grange) avec un matériau pauvre. Voilà donc une première piste : le « magicien » — l'artiste —, ce traditionnel spécialiste qui s'est toujours mêlé des choses les plus profondes de la vie et qui fut même considéré quelque temps comme inspiré par les dieux eux-mêmes, choisit de porter son attention sur la pauvreté élémentaire de la paille. D'autres fois, il a choisi la terre, la boue, l'espace, le trou, les vestiges du feu, le morceau de carton, le mur, les détritus, le papier journal, le carton à gâteaux, les traces du vent, les empreintes du corps humain, les draps, l'assiette brisée, les nœuds, les coulures de la pluie, la marque d'un pas, les poils, les cheveux, les grilles, les lézardes, les fils, les décombres, les coussins, les couvertures de soldat, le riz, et des centaines d'autres choses. Aujourd'hui, c'est le tour de la paille.

Que se passe-t-il donc ? Les anciens favoris des muses ne peignent donc plus de choses célestes ? Ceux qui avaient toujours traité les plus grandes solennités ne glorifient donc plus leurs maîtres ni ceux qui semblent jouir de leur protection ? Eh bien non. Les artistes, qui se considèrent comme les êtres les plus raffinés et les plus sensibles, ont cessé depuis des années de croire à tout cela. Ni dieux ni maîtres. Personne n'est assez important pour eux, et ils voudraient que la société aussi le croie. En revanche, ils se prennent d'amour pour de la paille. Et maintenant, l'imagina tion du spectateur peut se mettre en branle et exercer ses droits.

Nous avons tous vu des brins de paille dans une étable. Mais ainsi déplacés, installés sur la scène des choses « importantes », peut-être feront-ils, en déclenchant des mécanismes archétypiques, surgir à notre esprit les vieux mythes solaires, qui participent de ce qu'on appelle notre « inconscient collectif », et qui ont toujours eu pour origine la paille d'une étable. L'étincelle des Véda qui jaillit du soleil et porte le feu à la terre grâce à la paille et au souffle du bœuf et de la mule qui l'entretiennent. La plus haute sagesse incarnée dans le corps le plus humble. Jusqu'à la paille, mélangée au fumier : matières finales, d'où par miracle, resurgissent l'origine et la force de la vie. Le cercle se forme. Réfléchir sur la paille ou sur le fumier est peut-être aujourd'hui de quelque importance. C'est méditer sur les choses premières, sur l'essence de la nature, sur l'origine de la force et de la vie... C'est pour cela qu'il faut aussi se rappeler qu'il existe encore de par le monde beaucoup de grabats de paille, et que l'artiste leur porte plus d'intérêt qu'aux lits des dieux ou de leurs envoyés, ou qu'à ceux des riches qui les adorent. Car pour l'artiste, cette origine, la source de la vie, l'engrais qui féconde la terre, le « sel de la terre », se trouve effectivement (je ne dis rien de nouveau) chez ceux qui luttent à la base, chez ceux qui dorment dans de misérables cabanes, sur de la paille, ou sur les grabats de nos innombrables prisons, ou dans l'odeur de fumier des étables pour « hérétiques » ou des champs que les laissés pour compte de la société arrosent de leur sueur. Je ne dis pas cela par sentimentalisme, ni par goût « artistique » de la pauvreté, mais pour faire comprendre la « naturalité première » de la dialectique et la lutte de toutes les choses, y compris bien entendu, faut-il le rappeler, la lutte des classes. D'autant plus que le tableau que je suis en train de décrire est divisé en deux par un morceau de bois. Et deux. Les experts en symbolisme appliqué à l'art — encore qu'eux, prudemment, en tirent rarement des conséquences valables pour la vie de tous les jours — nous diraient certainement sur ce *deux* beaucoup plus de choses que moi : l'opposition, le conflit, la réflexion, l'équilibre (ou le déséquilibre en puissance), le créateur et la création, le blanc et le noir, le masculin et le féminin, le *yin* et le *yang*, la vie et la mort, le bien et le mal, le haut et le bas. Il y a effectivement dans le tableau un élément de division qui définit l'espace du haut et l'espace du bas. Et ce sont deux espaces blancs. Blanc. La couleur de l'origine et de la fin, la couleur de ce qui est sur le point de changer de condition, du silence absolu qui, comme le disait Kandinsky, n'est pas le silence de la mort, mais celui de la préparation de toutes les possibilités de la vie, de toutes les joies de la jeunesse. Deux espaces blancs pleins de tourbillons de paille qui semblent vouloir passer de l'un à l'autre. Deux gigantesques et jeunes chevelures qui s'entremêlent, deux pubis qui se touchent. Le crin, terriblement embrouillé, accentue cette sensation de mouvement, d'expansion, véritable entrelacs de nerfs formant un nuage de tempête qui se meut ou se heurte à un autre, le monde d'en haut contre le monde d'en bas, et *vice versa*.

Bien. Tout cela est évidemment tellement relatif!... Il y aura toujours quelqu'un pour dire : « Que de fantaisie! Il n'y a pourtant là qu'une poignée de crin collée sur une toile blanche, avec un vulgaire morceau de bois au milieu! » Et nous ne pourrons que lui donner raison. Il a découvert le truc. De fait, tout le spectacle n'est rien, à moins que nous ne voulions ou que nous ne sachions y voir plus que ce qu'il y a. Mais l'artiste ne se sent pas frustré pour autant, ni le magicien ridiculisé, et le prestidigitateur ne considère pas qu'il a échoué. Pourquoi ce spectateur positiviste serait-il justement le plus clairvoyant? Quelles sont ses prérogatives pour ne pas laisser les autres « imaginer » librement? Car devant les frisures voluptueuses de la paille divisée en deux, il y a effectivement d'autres hommes, à commencer par l'auteur lui-même, qui continuent à voir de plus en plus de choses, et que leur fantaisie entraîne de plus en plus haut. Et ces hommes affirment que tout dans le monde est embrouillé comme le crin, qui représente aussi des panaches de noblesse ou des lavettes de femme de ménage, et aussi que tout est biparti : la lumière et l'ombre, la terre et le ciel, le positif et le négatif..., le dualisme enfin, et la complémentarité, comme tous les processus cosmiques, comme la thèse et l'antithèse, qui se fondent dans la synthèse, ou dans l'étreinte des amants. Que dans ce qui est primordial, dans ce qu'il y a de plus simple, dans la paille et même dans le fumier et dans la mort, que cela nous plaise ou non, il y a en puissance une nouvelle source de vie. Que celui qui est à ras de terre, l'excrément de la société, a parfaitement raison de se révolter contre celui qui est installé sur les hauteurs et qui l'opprime, et que nous devons même lui en être reconnaissants, car il nous offre cette nouvelle source de vie. Qu'il est essentiel de montrer cela. Que de cette lutte de nerfs antagoniques naît quelque chose de nouveau. C'est l'acte sexuel, c'est la révolte et c'est l'enfant...

Mais voilà que nous entendons nos protestataires se remettre à crier : « Ce ne sont que des mots, issus de l'imagination d'un magicien impuissant! Il n'y a pas là matière à tant de philosophie! C'est l'art de la prétention et de la vanité!... » Et de fait, l'auteur doit convenir une fois de plus qu'ils ont raison. Et que c'est peut-être pour cela justement, par hantise de la vanité, qu'il a décidé de faire un tableau avec de la paille. Car il ne croit plus qu'on puisse glorifier quoi que ce soit, hormis les choses les plus élémentaires, les plus pures, les plus immaculées, et même les plus innocentes... à condition aussi, bien entendu, qu'elles soient toujours sur le point de s'embraser et de recevoir l'étincelle du feu solaire dont nous parlions plus haut. Car il s'avère qu'il n'y a que cela pour que le monde reste vivant. Que c'est la vie. Et le peintre ne veut plus rien savoir des systèmes hiérarchiques ni des déguisements dont s'entourent et s'affublent ceux qui se croient importants et qui en réalité sont morts. Pour lui, il n'y a qu'un peu de paille, et un DEUX. Un DEUX qui est un UN. Et tout le monde a le droit, s'il le désire, de lui dire qu'il est un farceur, que tout est faux, que c'est une illusion. Car lui aussi en est convaincu. C'est une porte qui mène à une autre porte. L'art, fût-il excellent, sera toujours une manifestation de la *mayá*, de l'illusion universelle. La vérité que nous cherchons ne se trouve pas dans un tableau ; elle n'apparaîtra que derrière la dernière porte, que seul l'effort personnel du spectateur lui permettra de franchir. Le voile qui nous cache la vérité sera d'autant plus épais, nous aurons d'autant plus de mal à trouver le chemin que le tableau est important, que les personnages qu'il représente sont importants, qu'il y a de nombreuses couches de peinture et de couleur.

Et alors, on peut penser qu'il vaut mieux tourner le dos à notre monde et s'asseoir sur une chaise, comme dans un rêve que m'a raconté un jour ma femme. Une chaise flottant dans la blancheur de l'espace infini ; et tout à coup, regarder en bas et ressentir une émotion intense et sublime (ma femme en fut émue aux larmes) en voyant disséminées çà et là de petites choses, rien, quelques fragiles débris, des fétus de paille...

Et seulement à la lumière de cette blancheur intérieure, qui paraît monter des profondeurs pour nous révéler notre essence, il nous semble retrouver la force nécessaire pour redécouvrir la beauté, que nous pensions définitivement bannie du monde : cette terre arrosée, cette femme embrassant une petite fille, décrits par un poète ami [1], son miroir suspendu au mur qui, dans le meilleur des tours de passe-passe, réfléchit en nous, transmutée, la lumière même du monde qui continue à rouler.

Mais nous entendons encore qu'on nous interpelle : « A supposer même que toute cette folie soit vraie, de quel profit est-ce pour les hommes, que vous affirmez tant aimer ? Et la Justice ? Et la Liberté ? » Et nous ne pouvons que répondre qu'en effet, que tout cela est fort important. Et rappeler une fois de plus, dussions-nous les répéter mille fois, les termes dans lesquels Paul Klee écrivait pendant la Première Guerre mondiale à son ami Franz Marc, qui luttait sur le front, pour lui expliquer qu'à ses yeux les choses les plus petites et les plu banales étaient plus grandes que les actes héroïques : « Peut-être est-il difficile pour un guerrier en campagne de comprendre que je suis en train de peindre de petites aqua-

1. Tàpies fait allusion au poème de Joan Brossa, cité dans le chapitre III (« Déclarations »), à la page 81.

relles et de jouer du violon. Dire qu'à moi cela me paraît si important! Comme le Moi d'une façon générale! Et le Romantisme! » Dans une autre lettre, il précisait que le Moi voulait dire le Moi « divin », en tant que « centre universel ».

Dans le monde de l'art et de la poésie authentiques, plus personne aujourd'hui ne croit aux dieux. Mais, qu'on le veuille ou non, ces agnostiques restent marqués, comme le dit Manuel Sacristán, par la « confusion des affaires d'Orphée et de celles de Prométhée [1] », des affaires du séducteur — enchanteur — de la nature, qui va d'échec en échec, de celui qui poursuit des idéaux qu'on ne peut atteindre que par une renonciation totale, et des affaires du dieu de la révolte, de la volonté d'intellectualité, qui, en fin de compte, préfère toujours la terre au vague des esprits.

Mais qu'on m'accorde que je n'ai rien dissimulé. J'ai toujours dit que l'affaire me paraissait très importante, mais j'ai dit aussi, dès le début, que ce n'est pas une affaire sérieuse, dans le sens que donnent à ce mot ceux

1. « La pràctica de la poesia », p. 27. Préface à *Poesia rasa*, de Joan Brossa (Ariel ; collection « Cinc d'oros » ; Barcelone, 1970).

qui se croient sages, trop sages. Car l'art est une sorte de jeu et, comme peut-être pour toutes les choses humaines, ce n'est que par la voie de l'innocence que nous pourrons réellement en saisir le sens profond.

Mais, je le redis, je suis convaincu que cette innocence particulière de l'art et de la poésie est bien moins gratuite et inoffensive que ne l'imaginent les « doctes ». Elle fait partie intégrante du mode de pensée revendiqué déjà par l'auteur des *7 manifestes Dada*, dans la ligne de l'étude de Marx sur les sociétés archaïques. En effet, selon Tzara, c'est une façon de penser qui reproduit, à un niveau supérieur, certaines formes mythiques et rituelles de la pensée primitive, c'est-à-dire *non dirigée;* cela doit mener à la libération réelle de l'esprit et à l'accomplissement de la nature humaine, dont « une mauvaise organisation sociale et morale — au profit d'une minorité — l'a systématiquement éloignée ».

DU MÊME AUTEUR

L'ART CONTRE L'ESTHÉTIQUE, Galilée, 1978.

MÉMOIRES, Galilée, 1981.

TÀPIES RÉPLIQUER (avec Jean Daive), Maeght, 1982.

TÀPIES. SCULPTURES, PEINTURES, Galerie Lelong, 1987.

CONVERSATIONS AVEC ANTONI TÀPIES PRÉCÉDÉES D'UNE INTRODUCTION À SON ŒUVRE (avec Barbara Catoir), Cercle d'art, 1988.

LA RÉALITÉ COMME ART, Galerie Lelong, 1989.

Impression Maury Imprimeur
45330 Malesherbes
le 10 novembre 2016.
Dépôt légal : novembre 2016.
1er dépôt légal dans la collection : septembre 1994.
Numéro d'imprimeur : 213028.

ISBN 978-2-07-032862-8. / Imprimé en France.

310544